一枚起請文のこころ

新装版

藤堂恭俊

東方出版

発刊のことば

知恩院浄土宗学研究所長
総本山知恩院執事長　寺本哲榮

私たち、浄土宗祖法然上人の流れを汲む者にとって、『一枚起請文』は、常平生、拝読する機会にめぐまれていますので、大変親しみ深い座右の御文であります。とともに「たゞ一向に念仏すべし」という結句を、みずから実践し、人様にもお勧めし、自他ともにお念仏によって生かされている悦びを感じています。

このたび、当山の設立にかかる知恩院浄土宗学研究所主任の藤堂恭俊先生が、その『一枚起請文』について、日ごろの蘊蓄をかたむけ、まことに解り易く、平易な言葉でそのみ心をお伝え下さいました。その上、この春に七百五十回忌をお迎えする当山第二世勢観房源智上人のご生涯についても、筆を運んで頂きました。本当に有難いことと存じますとともに、浄土宗義の理解、信仰の確立、さらに教化の資として役立てて頂くことを、読者の皆様にお願い申し上げます。

私は当山の執事長として、同研究所の所長を兼ねていますす関係上、研究所の先生方が日頃研究されているその成果を、お念仏の普及・浸透に役立てて頂きたいと念願いたしていましたが、本書の刊行をみるに至って、その素意を実現できたと確信しています。今後も引き続いて教化の資となるこの種の出版物を刊行し、皆様方のご期待にむくいたい所存でございます。一言蕪辞を述べて発刊のことばと致します。

昭和六十二年三月

目次

目　次

＊本書は一九八七（昭和62）年に刊行した知恩院浄土宗学研究所シリーズ第一巻『一枚起請文のこころ』を単行本として新装復刊したものです。

序の章　経典と同格視される『一枚起請文』

経典と同格視される『一枚起請文』

――今にこだまする告白の真実――

浄土宗の信者の方であるならば、法然上人（一一三三―一二一二）の『一枚起請文』といえば、どなたもご存知のはずです。しかもそれは、ただその名称を知っているというのではなく、その全文をそらんじ、暗誦することができるのです。このことは、すべての信者のこころのなかに、その示されるところが徹底して滲透していることを物語っています。法然上人がこの『一枚起請文』の上にお示し下さった往生浄土のひとすじ道は、いかに時代がうつりかわろうと、親から子どもへ、信者から未信の人へというように、人のこころから心へと受けつがれ、こころのささえとして尊重頂戴されているのです。

『一枚起請文』を暗誦する場合、かならず仏前で行われるということは、経典の読誦と同格に扱われているといっても過言ではありません。経典の読誦は漢字ばかりで綴られている経文を、呉音《ごおん》といって古代中国の揚子江（長江）下流沿岸、呉の地方からわが国につたわった音《おん》を使って音読、いわゆる棒読みするのですから、それに熟達するのには大変な苦労を必要とします。しかもかなしいかな、むつかしい漢字で綴られているだけに、その内容をくみとることはいっそう困難です。

しかるに、『一枚起請文』は古文でありますが、日本の文章で綴られていますから読みやすく、拝読するたびごとに親しみがわいてまいります。また内容をくみとることもきわめて容易ですから、いっそう親しみが増してきます。あまつさえ、三百字たらずでできている文章ですから、いきおいおぼえやすく、そらんじるのにさほどの苦労を要せず、暗誦できるという特点を持っています。ともかく『一枚起請文』はそのような特点をそなえているだけでなく、経典と同格視されるだけの内容を内にふくんでいるのです。

さて、『一枚起請文』は、なぜ経典と同格視されるのかについて、考えてみたいと思います。徳川時代後期、嵯峨天竜寺の桂州和尚道倫禅師(一七一三—一七九三)は、『一枚起請文』について、

だれかいう一枚の紙　なかにふくむ大蔵経《だいぞうきょう》
天外に出頭する者　はじめて知らん
この語のかんばしきを

と讃辞を述べています。

一枚の紙は紙でも、その紙の厚薄や大小、紙質にかかわりなく、そこに綴られている内容がものをいうことは、いまさら取り沙汰するまでもありません。『一枚起請文』は文字どおり、文字が書かれてある一枚の紙にすぎませんが、その文字によって示される内容は、尨大《ぼうだい》な仏教経典の中味のすべてを含蓄しているのです。しかもその内容は平易なようにもおもわれますが、実はなみの人の伺い知るところでなく、ただ仏道の極意に達した人にして、はじめて味わうことができるのです。

桂州和尚の讃辞の内容は、そのように受けとることができます。私は、その讃辞をとおして『一枚起請文』は、まさしく経典と同格であることが知られると思っています。仏陀釈尊のご説法を集大成した五千余巻におよぶ大蔵経は、法然上人という宗教的人格によって味読され、その内容を三百字たらずの文字によって総括されたのが『一枚起請文』です。つまり『一枚起請文』は、法然上人という偉大な法器によって、十二分に咀嚼《そしゃく》され、消化された大蔵経である、というほかありません。念仏の一行《いちぎょう》をとおして、ご自身のこころの奥ゆきを深められた法然上人は、浄土宗をひらかれる以前に、大蔵経を「披覧すること、既に五遍に及」（『十六門記』）んでおられたのですから、経典と同格視される『一枚起請文』を、おつくりになっても不思議なことではありません。

「一休さん」と子供にも人気のある、室町時代前期、大徳寺の禅僧として著名な一休禅師宗純（一三九四―一四八一）も、『一枚起請文』について次のような讃辞を書きのこしています。

伝え聞く　法然生き如来《にょらい》
蓮華上品《れんげじょうぼん》に安座し、
尼入道の無智のともがらに同じくす
一枚起請　もっとも奇なるかな

平安朝末期から鎌倉時代にかけて、わが国の上下各層が大きくゆれにゆれた動乱期のさなか、明日に生きようとする人たちに、生きるこころのともしびを点じ続けた法然上人は、「生き如来」と慕われ、おがまれた、と伝え聞いている。法然上人はたしかに今は、お浄土の上品上生《じょうぼんじょうしょう》の蓮華《はちす》の台《うてな》に坐しておられるが、あさはかな、とるに足りない人間の思慮・分別すら持たない愚癡文盲の人たちのレベルにまでたちもどって、現に生きる道を説き続けられておられる。そのおしえこそ『一枚起請文』にほかならない。これほど尊く、これほど不思議なことはない。

この一休禅師の讃辞に示されている、「法然生き如来」という表現と、「尼入道の無智のともがらに同じくす」ということばが、私に強くひびいてまいります。なぜかと申しますと、「ただ一向に念仏すべし」と仰せになった法然上人のおことばは、それを聞いた人の耳底に、「生き如来」のことばとして受けとめられ、それを素直に受けとって念仏を申す、その心がおがまれるからです。私たちにとって必要なのは、『一枚起請文』を「生き如来」のおことばとして受けとめる素直なこころです。つまり法然上人を「生き如来」と仰ぎたてまつるのは、ただ鎌倉時代をお念仏の一行《いちぎょう》に生き貫かれたお念仏の元祖《がんそ》上人であり、浄土宗をお開き下さった宗祖《しゅうそ》上人として仰ぎたてまつることはもとよりのことです。しかしそのように、法然上人をただ過去の偉大な宗教者として仰ぎたてまつることと共に、常に私の身近かにあって、私にお念仏を勧め励まして下さるその尊さを感じ、その有難さを頂く時、心底から仰ぎたてまつり、敬慕したてまつることができるのです。そういう意味で法然上人を「生き如来」と仰ぎたてまつりたいと存じます。

禅家では遺偈といって、禅僧はかならず臨終に際して、みずからがひらいたさとりの消息を、漢詩に托して弟子に与えるならわしがあります。この『一枚起請文』は法然上人の遺訓でありますから、禅家の遺偈と共通したところがあります。しかし双方の内容を比較してみますと、遺偈はその道の人には通じても、いわゆる私たちのような、なみの人には容易に理解し得ない深い内容が秘められています。これにたいして『一枚起請文』は、「死生ともにわづらいなし」（法然上人『つねに仰られける御詞』――『法然上人行状絵図』巻第二十一）というこころの奥ゆきの深さをふまえながら、「尼入道の無智のともがらに同じくす」と一休禅師がいっているように、なみの人にたちかえって、こころの奥ゆきをひらく道を、私たちにお示し下さっているのです。私は、法然上人が還愚癡《ぐちにかえる》の聖《ひじり》であるといわれるゆえんを、ここに見出したいと思います。そのことはともかくとして、遺偈は、世俗を打ち払って孤高を誇る内容を持つということができるのに反して、孤高を誇ることなく、世俗とのかかわりをたもつことによって、世俗をこえる方向を示し、導くのが『一枚起請文』です。この相違をたとえをもって申しますと、富士山の頂上が遺偈であるとしますと、その裾野にまでおよんでいるのが『一枚起請文』である、ということができるでありましょう。

ご承知のように道倫禅師も、一休禅師も、ともに禅家のかたであって、浄土門のお方ではありません。禅家の方が、なぜ宗旨を異にする法然上人の『一枚起請文』について讃辞を綴られたのでありましょうか。たとえ宗旨は異なっていても、ほんものに出合えばやむにやまれず、讃辞をおくらずにはいられない内的衝動にかられたからなのです。一休禅師は十五世紀のかたであり、道倫禅師は十八世紀のかたですが、ほんものに魅せられ・誘われて綴られた絶讃は、このおふた方に限られたわけではありません。

寡聞ながら、今世紀の日本を代表する詩人であり、彫刻家でもある高村光太郎先生（一八八三—一九五六）が一九四一年に撰した『智恵子抄』のなかに、絶讃のことばを見出すことができます。先生はそのなかで、

仏を信じ身をなげ出した昔の人のおそろしい告白の真実が、今の今でも生きて私をうちました。

と、綴っておられます。

阿弥陀仏にすべてを投げだして、その本願のみこころのままに、生涯、南無阿弥陀仏と「只《ただ》一向に念仏」をとなえ続け、しかも、すべての人に対して「只一向に念仏すべし」と勧められた宗祖法然上人の、この『一枚起請文』を拝読する声に感動された高村光太郎先生の心腑には「おそろしい告白の真実」と響いた、と述懐されています。時間と空間のへだたりをこえ、それを拝読する人のいかんを選ばないで、『一枚起請文』が読誦されるリズムに乗せられて伝えられる法然上人のみこころが、今世紀一級の文化人の心をとらえ得

たのは、この『一枚起請文』にみなぎる、法然上人の全身全霊を投げだして阿弥陀仏にせまるすさまじさ、「おそろし」さであったと思われます。さらにまた、明治・大正時代の文豪である幸田露伴先生（一八六七—一九四七）もまた、『一枚起請文』について、

言近くして意遠く、語樸にして義明らかであって、上人の大慈大悲の精神、至深至厚の恩徳が充満し、実に日本文で書かれた神品であります。

と、『蝸牛庵語彙《かぎゅうあんごい》』のなかに綴っています。「神品」と称讃される『一枚起請文』の外相と内相の双方をよくとらえて、あますところがありません。

第一章　『一枚起請文』の背景

一　『一枚起請文』をめぐる師と弟子

1、染筆にいたる事情とその前後

『一枚起請文』は宗祖法然上人が入滅される二日まえ、つまり建暦二（一二一二）年正月二十三日に、みずから筆をとり、お弟子の勢観房源智上人（一一八三―一二三八）にお授けになられた「御誓言書」です。まず始めに執筆にいたる経緯《いきさつ》について申しあげたいと思います。

八十歳というご老齢のうえに、病いの床に臥せられていた法然上人は、そのかたわらにあって病勢のうつり変わりを見まもり、看病につとめていた常随給仕のお弟子の源智上人が、ご容態のおだやかなのを見てとり、おそるおそる、

お師匠さま、つねづね、お念仏を申すうえでの心がまえについて、ご懇篤《こんとく》なご指導を頂戴してまいりました。ほんとうに有難く、もったいないことであると、感謝申しあげています。今ひとつ、たってのお願いがございます。

と申しあげると、声のする方に視線をむけ、慈愛のこもった眼差しから、「はやく、いって

ごらん」とばかりに、目くばせで促されたので、
お師匠さま、浄土宗の信仰について、久しくお心のうちに思っておられることを、この際、ぜひ一筆お書き願いとうございます。のちの世まで御形見として……。

と、あとの言葉が続かないまま、涙にむせんでの懇願でありました。

紙と硯と筆とを用意した源智上人は、お師匠様を抱きかかえるようにして床の上におこしたてまつり、背なかに軽くあたたかいものを重ね、上布団にかくれた膝のあたりに一枚の紙を置き、筆に墨をふくませてお渡しすると、法然上人は聞きとれないほどであるが、口をうごかし、なにかをそらんじながら、なんのためらいもなく、すらすらと水茎《みずくき》のあともあざやかに、筆をはこばれ、さらに両手印といって、左右両手のてのひらによる手形まで押されたのであります。

入滅が今日・明日にせまっている法然上人が、愛弟のたっての願いを、病いをおして聞きいれられたあたたかい心情に、頭のさがる思いがいたしますと共に、墨のかわきも待たずに、書きあがったばかりの『一枚起請文』を、直直《じきじき》に頂かれた源智上人のお喜びはいかばかりであったでしょうか。想像するにあまりあることです。

今ここで、たちいって『一枚起請文』が成立する背景をさぐってみようと思います。法

然上人ご入滅ののちに、門弟のなかから背師自立の義といって、お師匠様の説に違反する考えを、さもお師匠様の真説であるといつわり、言いふらす門弟が、今よりも一層数多く、しかもより強く打ちだしてくることを予想した上での源智上人の懇願と、さらにその予想を見通しての法然上人の執筆でありますから、将来に危惧《きぐ》のおもいを持った師弟二人のおこころが、通じあってこそ『一枚起請文』の執筆を実現させたというべきです。このことについて、もう少し具体的に申しますと次のようなことです。

法然上人は配流という刑をとかれたので、四国は讃岐《さぬき》の国の小松の庄（香川県仲多度郡）をあとにして、摂津《せっつ》の国の勝尾《かちお》寺（大阪府箕面市）に移って逗留されていた頃、『一枚起請文』を染筆される二年と七ヶ月まえの承元三（一二〇九）年六月に、弟子の成覚房幸西にたいして、「阿弥陀仏の本願によるならば、ただの一念で往生できるのであるから、それ以上、数多くお念仏を申す必要はない」という一念義を、身勝手な邪説であり、阿弥陀仏の本願のみこころをはじめとして、善導大師の釈義に違反する考えであるから、停止すべき旨の書状を送ったというにがい経験があったので、生涯をとおして主唱し続けてきた選《せん》擇本願《ちゃくほんがん》の念仏を専修《せんじゅ》することについての所存を書きとどめ、自説の証文として将来に遺しておくべきである、と判断されたうえでの執筆であったわけです。しかも法然上人はその内容以外のことを説いたこともないことを釈迦・弥陀二尊にお誓いになり、また源智上人は、十八年にわたり法然上人の膝下にあって、常随給仕の役をはたしたほどの方でありますから、お師匠様をとりまく門弟間の人脈や、お師匠様のところに出入りする門弟たちのこころの動きについて敏感であったればこそ、お師匠様の入滅のあとに役立たせるべく、師匠の主義・主唱を自筆によってしたためた文書を、たって願い出られたのです。

そういうわけで、『一枚起請文』の執筆は、ただ愛弟の懇願を聞き入れて、年来の所存をかきとどめたというに過ぎないのではなく、

為証以両手印　(証のために両手印をもってす)

浄土宗の安心起行、この一紙に至極せり。源空が所存、この外に全く別義を存ぜず、滅後の邪義をふせがんがために、所存をしるし畢んぬ

ということばで『一枚起請文』をしめくくっておられるように、重大な役割を執筆の当初から予想してのことであったのです。したがって、自分はもう十八年にわたってお師匠様にお仕えし、あまつさえ看病の役をもつとめているのだから、この際かたみに一筆お願いして、これをひとり占めしようなどという私利・私欲からでた懇願でなかったことが知ら

れるでしょう。

近ごろ、隆寛律師（一一四八―一二二七）作と称する『法然上人伝』（仮称）について、大正大学の宇高良哲先生による報告論文（『大正大学研究紀要』仏教学部・文学部第六九号）を拝見しました。それによりますと、静岡県島田市の天台宗円満寺に襲蔵されています天平写経『称讃浄土経』の紙背に記されている法然上人の伝記（法然上人流罪勅免以後、帰洛・入滅にいたる最晩年の記事が、紙背の第十紙から第三紙目にかけて記載）について、珍らしいことが紹介されていましたので、お伝えして置きたいと存じます。それによりますと、法然上人は、

滅後にのぞみ、末世の道俗のために／起請文を一紙に書、行者にあたゑん／事を願ふタリキ。文箱を取り出て／見給へ。面《めん》〳〵も一まいの書物の／やうにおもはれ候て、念仏修行成／むとならば、とれ〳〵もとり／給へ。仰の旨にまかせて文箱を御前にをき、／ひさまつきてひらき見れば、

というように、源智上人の懇請を待つまでもなく、法然上人ご自身が、今日私たちが拝読する『一枚起請文』を、前もって執筆され、文箱に入れて置かれたのであります。いよ〳〵という時期の到来を待って、お弟子たちに披露されたのであります。この伝記は『一枚起請文』の文章をのせ、そのあとにさらに続けて、

と書留給ひき一紙のかな書あり／たり。勢観房・聖光房とれ〳〵も／花台房同行六人迄、一枚あて申請／たりき。勢観房は一人しひて看病し給ひければ、直に上人の／御手より一枚の消息を授けさせ／けり。正月二十二日夜明方に仰せ／給ひし事は、何も〳〵書置／所の一紙の消息に、建暦二歳／正月二十三日　源空とそ披遊け／り。鎮西聖光房へ一まひまいら／せて、滅後のかたみと深く持／給へと申遣したきのミか、

と記されています。

このように、法然上人はご臨終をお迎えになる以前から、自分が入滅したあと、自分が主唱したお念仏が、正しくそのまま伝えられるか、否かについて心くばりをされていたので、『一枚起請文』を綴っておかれたのを、いの一番に、長年の常随給仕の弟子であり、また看病につくしてくれた愛弟の源智上人に授けられたのです。なお、

書給ひし消息ニ御判の／なきも、世中に末代ニハ出候ハん／やかしとおもはれ候。何も／おなし事なるへし

と書きそえてあります。

このような伝記記事を拝読することは、今までに皆無でありました。それだけにびっく

りされるお方もおいでになろうかと存じますが、このことの当否を決することはさて置き、このような伝えもある、と記憶にとどめられることを希望してやまない次第です。

執筆前後における法然上人のご動静を探ってみようと思います。法然上人は流罪の刑をとかれても、もとの居住地である京都に入ることが許されないまま、勝如上人往生の地である摂津の国の勝尾寺に縁を結ばれ、この寺の西の谷に草庵をむすんで（現在の二階堂の地）四年の星霜を送られました。入洛許可の宣下をいただいた法然上人が、東山華頂山のふもと・吉水の地にもどられたのは、建暦元（一二一一）年十一月二十日のことでした。しかし法然上人がながらく住まわれていた「中の坊」（現在の御影堂の地）は、入居できないまでに荒れはてていたということです。

法然上人のご一生涯を綴った伝記の多くは、「建暦二年正月二日より、上人老病のうへに、日来の不食の所労、殊に増気し給う」（『法然上人伝記』巻第七下・『法然上人行状絵図』巻第三十七）と伝えています。法然上人がなつかしい京都にもどられたのは十一月二十日であると申しますけれども、陽暦で申すならば年末に近い、しかも底冷えのきびしい京都、とくに東山華頂山のふもと、粟田青蓮院慈鎮和尚慈円（一一五五—一二二五）のご厚意によって大谷の禅房の人となられましたが、老齢の身には道中は長く、移動による所労がおもくのしかかって、ついに食物をうけつけない状態にまで進展しておられました。

法然上人ご入滅ののち百年を経過したころ、『法然上人行状絵図』という文章（ことば書き）と、その内容を絵図によって表現した絵とが交互に次第する、いわゆる絵詞《えことば》形式で四十八巻からなる法然上人のご伝記が成立しました。その原本は今なお総本山知恩院に襲蔵され、国宝の指定を受けています。私たちはその巻数によって、このご伝記を『四十八巻伝』と呼んでいます。その第三十七巻には、建暦二年正月二日を筆頭に三日、十一日、二十日、二十三日、二十四日、二十五日の七日間にわたって法然上人の動静を伝えていますので、これにもとづいて、『一枚起請文』が執筆される前後のことを伺うことができます。

それによりますと、病床をとりかこむ門弟にたいして往生のことを物語られたり、門弟のおたずねに受けこたえされる以外は、弟子にお念仏を申すことをお勧《すす》めになり、ご自身は高声《こうしょう》の念仏といって、自分の耳に聞こえる程度の音声をもって、お念仏をたえまなく続けられ、眠りにつかれても、その口もとが動くというありさまでした。門弟のおたずねにこたえて物語られた法然上人のおことばの三、四を紹介しておきたいと思います。

二日の条には、「わたくしは、もと極楽にいたのだから、そこに帰ってゆくのは当然である」と決定《けつじょう》往生の旨を告げられ、また、高弟の法蓮房信空上人（一一四六―一二二八）のおたずねにたいして、「わたくしは、それらしいお寺を建てたことがないから、わたくしの遺跡をどこにすればよいだろうか、と心配してくれているけれども、お念仏の声するところは、どこであろうと、すべて、わたくしの遺跡だと思えばよいではないか」という、実におおらかなお気持を告げられています。十一日の条には、「高声の念仏をしていると、この枕辺には阿弥陀仏はもとより、観音・勢至などの諸菩薩が来られているが、みなの者はおがみたてまつったか」と、居ならぶ門弟たちに問いかけられています。二十日の条には、上人が病床に臥せられている大谷の禅房の空に、紫の雲がたなびいているのはお師匠様のご往生が近づいたしるしである、とうわさをかわしている門弟の話を耳にされて、「お念仏を申してさえいるならば、かならず阿弥陀仏をはじめとして諸菩薩が紫雲に乗って、お迎えにきて下さる事実を、すべての人に知ってもらうための瑞相である」と語られています。

さらに、『一枚起請文』をご執筆になった二十三日の条には、「上人の御念仏、あるいは半時《はんとき》、あるいは一時《ひととき》、高声《こうしょう》念仏不退《ふたい》なり」と記されているだけです。つまり、今の時間で申しますと法然上人は、一時間、あるいは二時間にわたってお念仏を続けられていたことを知ることができます。二十四日から二十五日にかけての記事によりますと、午後六時から翌日の午前十時までのながい間、法然上人は高声念仏を続けられたので、助声《じょせい》といってかたわらにあって、お師匠様がお念仏を申しやすいように一諸にお念仏していた五、六人の弟子の方が逆に、お師匠様のお念仏によって励まされたほどでした。それから以降はお念仏の声が次第に弱まりはしましたが、ときどき高声の念仏をまじえられ、まさに終《つい》のときにあたって「光明偏照　十方世界　念仏衆生　摂取不捨」という『観無量寿経』第九仏身観のご文をおとなえになり、ねむるがごとく息たえ、めでたく往生の素懐をとげられたのです。臨終が日一日とせまる間の法然上人のご行実、ご心境は、まことに尊く、おだやかであり、さすがに生涯を念仏ひとすじに生き給うた大聖《ひじり》の偉大さがしのばれてなりません。

2、勢観房源智上人のご業績

宗祖法然上人のご臨終の枕辺にあって、看病申しあげながら、とくに、浄土宗の念仏信仰についての肝要を一筆お書きのこしいただきたいと懇願し、直筆による『一枚起請文』

という「御誓言書」を頂戴された勢観房源智上人とは、いったい、どのようなお方であったでしょうか。

浄土宗の総本山知恩院と大本山である黒谷金戒光明寺《こんかいこうみょうじ》(ご直筆の『一枚起請文』を今に襲蔵している)、および同じく大本山の百万遍知恩寺とは、ともに宗祖法然上人を初代、いわゆる開山上人として頂いていますが、そのあとをおつぎになって、第二代となられたお方が、この源智上人です。

このように源智上人は、知恩院をはじめとする大本山はもとより、浄土宗の草創期において重要な役割をはたされたお方でありますが、宗祖法然上人という実に偉大な大樹のかげにかくされるばかりでなく、源智上人とともに昭和六十二年に七百五十年のご遠忌をお迎えする浄土宗第二祖の聖光房弁阿弁長上人(一一六二—一二三八)と、同六十一年七百年のご遠忌をお迎えする浄土宗第三祖の然阿記主良忠上人(一一九九—一二八七)という太く長く、今日にいたるまで継続してきた浄土宗の幹線上のお方でなかったこと、あまつさえ、くわしいご伝記が伝えられなかった、という諸事情がかさなりあって、浄土宗の僧俗ですら、あまりよくその行実が知られていないお方です。そのようなこともありますので、源智上人のご業績をあえてくわしくお伝えし、上人のご遺業を讃え、感謝申し上げたいと存じます。
源智上人のご業績は大きくわけてみますと㈠宗祖法然上人から相承・相続されたもの、㈡師の上人の思想材、いわゆるご遺文の収集、㈢師の上人にたいする、なみなみならぬ報恩感謝の念にもとづく作善という三つにおさめることができるかと思います。

まず第一に、師の上人からなにを相承・相続されたかということについて、法然上人のご伝記のなかで最も完備した『法然上人行状絵図』によりますと、源智上人は「道具・本尊・房舎・聖教のこる所なく、これを相承せられき」(巻第四十五・源智上人伝)と伝えています。つまり仏具の類、師の上人がご在世のあいだ念持仏としておがまれていた阿弥陀仏の立像一軀、僧房、仏典釈書の類を頂戴されたのであります。十八年のながい間にわたって、常随給仕の苦労をかけた愛弟子・源智上人にたいする、師上人の感謝のお気持を、そこに感じとることができます。このなか、師上人の念持仏であった阿弥陀仏立像のことは、さいわいなことに、京都の南禅寺畔の西福寺に、建保三(一二一五)年以来七百七十余年を経過した今日、昔ながらの安阿弥風のお姿のまま安置されています。本当によろこばしく、ありがたいことと存じます。

源智上人が師の上人から相承・相続されたのは、道具・本尊などだけではありません。ご直筆による『一枚起請文』を頂戴されたことは、あらためて申すまでもありませんが、このほかに、生涯をお念仏ひとすじに徹せられた師の上人のこころの奥にひらかれた、いわゆる三昧《さんまい》の境地を、ご自筆によって記録にとどめられた『三昧発得記《さんまいほっとくき》』をも頂戴されているのです。

源智上人が頂戴された『一枚起請文』も、『三昧発得記』も、ともに師の法然上人が親しくご自筆によって書かれたご遺文でありますが、このふたつはその内容において相違するところがあることを心得ておかねばなりません。このなか『一枚起請文』は、そのあとがきの「為証以両手印」のところに、

浄土宗の安心起行、この一紙に至極せり。源空が所存、この外に全く別義を存ぜず、滅後の邪義をふせがんがために、所存をしるし畢んぬ

と明記されているように、ご自分の滅後におこるであろうことを予見された師の上人みずからが、弟子たちの間から背師自立の説がたてられ、いかにも自分がつね日ごろ説いていた真説であるかのように吹聴するならば、せっかく今日まで説きあかしてきた自分の真説がのちの世に伝わらず、埋没してしまうことを危惧されて、自分が生涯をとおして説き続

けてきたところの要点を手みじかにまとめ、綴られた「御誓言書」であります。したがって法然上人がご入滅後において、師の上人の真説か、邪義かを判定する資料として、その重要な役割をはたすことになるのです。

これにたいして『三昧発得記』は、法然上人が、口称《くしょう》念仏をお続けになることによって、求めずしておのずから得られた体験の世界を記録にとどめられたノン・フィクションの書です。法然上人は建久九（一一九八）年正月より以降、正治・建仁をへて元久三（一二〇六）年の正月にいたるまでのあいだ、つまり六十六歳から七十四歳にいたる九ヵ年のあいだ、数回にわたって毎日七万遍におよぶ別時念仏をお勤めになられたとき「口称三昧を発得して、常に浄土の依正を見たてまつる」（『三昧発得記』――醍醐本『法然上人伝記』）と記されているように、お浄土のありさまや、勢至菩薩、あるいは阿弥陀仏のお姿を、眼のあたりに見たてまつられた、その聖相が年月をおって綴られています。建久九年といえば、宗祖法然上人の主著である『選擇本願念仏集《せんちゃくほんがんねんぶつしゅう》』一巻が撰述された年であります。この書物は三昧発得という尊い体験をふまえて撰述されていることは「念仏の行、水、月を感じて昇降を得たり」と『選擇集』の巻末にしるされていることによって、あきらかです。このような法然上人の宗教体験は、口称念仏によって往生浄土の素懐を達成しようとする信仰のなかから生まれ、しかも上人の思想を決定づけたわけです。

ここで注目しておきたいことは、法然上人は浄土宗をひらかれるにあたり、さらにまたそれ以後ご入滅にいたるまで「偏えに善導一師による」と標榜されたように、一にも、二にも、三昧発得の聖者である善導大師の説き示したもうた内容のすべてを、阿弥陀仏じきじきのご説法とうけとめられているのです。善導大師を三昧発得の聖者と仰れた法然上人のご洞察は、ご自身もまた三昧発得の人であられたことに基づくと申して間違いありません。事実法然上人は、口称念仏の一行によって、ついに三昧発得されたのです。このような、法然上人にとってかけがえのない三昧発得の境地を記録にとどめられた『三昧発得記』を、「外見におよばざれ。秘蔵すべし」（「建久九年記」――『西方指南抄』巻中本）と明記されているように、他見を許さず、秘蔵されてきた自筆の書を授けるということは、ことのほか源智上人を愛し、信頼しておられたことを物語ってあまりありません。師の上人と源智上人とのこまやかな間柄の一端を知ることができると思います。

世間では「いわずもがな」のことをいう人に対して「ひとくち、多い」と非難しますが、わたくしも多分にもれず、「ひとくち、多い」と非難を浴びようと、このさいぜひ申しそえたいことがあります。それは、口称念仏の一行によって三昧発得し、依《え》正《しょう》二《に》報《ほう》を見たてまつるということについてです。学者諸氏のあいだにおいて、観察《かんざつ》による観仏《かんぶつ》と口称念仏三昧によって不求自得《ふぐじとく》に見仏《けんぶつ》することとの違い、区別がわかっていないということです。それもそのはず、学者諸氏は念仏の体験もなければ、浄土宗義にあかるくないかたがたですから、無理もないことと存じます。しかし学者諸氏は論文をとおして堂々と、「観仏を否定した法然が、依正二報を観見するとは、まことに非法然的な行実である」と自説をかかげ、あまつさえ非難をかさねているのです。わたくしは、この似て否なる学説を黙視するわけにはまいりません。観仏には別相観とか、総相観とかの相違はありますけれども、おしなべて仏の相好を観察することを目的として行う修行であります。これにたいして、口称念仏の一行は、阿弥陀仏のお浄土に往生することを目的としています。そのような口称念仏の一行に徹した人には、求めずしておのずから、お浄土のありさまや阿弥陀仏のみ姿を見たてまつることができるのです。お浄土に往生を期することを目的とするお念仏を申し続けている間に、求めずして三昧の境界に入り、聖相《しょうそう》を見たてまつるということは、あたかも、東京へ往くために新幹線に乗車しますと、列車が東に向って進行するのに伴って琵琶湖の風景、富士山の雄姿を車窓の外にながめることができるのと同じです。窓外の風景を見るため乗車しているのではありませんが、おのずからながめることができるのです。これを不求自得というのです。法然上人の『三昧発得記』にしるされている内容は、決して観仏を目的として得られた境地でなく、往生浄土を目的とした口称念仏の一行に徹せられたればこそ、不求自得された世界なのです。口称念仏の一行はそのように、念仏者のこころの奥ゆきを深くひろげて、信仰の対象である救済仏である阿弥陀仏にあいまみえたてまつることのできる直線道です。〝南無阿弥陀仏〟とみ名をとなえる私と、となえられる仏とが、口称の一行をとおして、「見尊体」といって阿弥陀仏に対面するのが、口称三昧発得の世界なのです。

源智上人のご業績の第二として、ご紹介しなければならないのは、師の上人の思想材、いわゆるご遺文なり、言行を記録にとどめて、それを収集されたことです。源智上人はいつも、師の上人のかたわらにあって給仕されていたので、不審な点についてお尋ねしたり、法話や対談を聞いたり、往時を回想してのお話を承ったりする機会に恵まれていたことから判断《はんだん》して当然のことであり、しかも常随給仕の源智上人こそ、その最適人者であったというほかありません。

京都市伏見区の醍醐三宝院（真言宗醍醐派の本山）に、『法然上人伝記』（『醍醐本』と略称）

一帖が伝わっています。この『醍醐本』は三宝院の第七十九世の義演（――一六二六）によって書写された伝記でありますから、江戸時代初期の写本であります。しかし義演が書写した原本は、諸学者の指摘するところによりますと、鎌倉時代の古鈔本であると推定されていますので、貴重な文献として扱われています。その開巻劈頭には、

法然上人伝記　附一期物語　見聞出勢観房

と記されてあります。このなか「見聞出勢観房」とありますのは、源智上人が日ごろ見聞された法然上人に関することを記録にとどめたということであります。さて『醍醐本』の内容はと申しますと、六篇からなっています。㈠最初に師の上人が折りにふれて往時を想い出しながら語られた回想物語、いわゆる一期物語に、お弟子や来訪者との間でかわされた問答などを二十条にまとめている。㈡建仁二（一二〇二）年、師の上人のもとに入室した禅勝房の問いと、それに対する答え十一条。㈢三心《さんじん》についての料簡二十九条。㈣別伝記。㈤御臨終日記。㈥三昧発得記《さんまいほっとくき》。この六篇のなか、最後の『三昧発得記』は、師の上人が口称念仏三昧中に求めずして見仏された内容を記録されたのを、源智上人に授けられた、いわゆる相承本であります。この相承本以外の五篇は、すべて源智上人が記録にとどめて置かれたものであります。

この『醍醐本』はいつ成立したかと申しますと、『御臨終日記』に付せられている奥書によって知ることができます。その奥書には次のようなことが記されてあります。

師の法然上人が亡くなられてから、すでに三十年の星霜が経過しました。近ごろの人のなかにはかつて師の上人にお目にかかった人がたくさん残っていますが、これからさき、月日の流れとともに、ご在世中のご様子がだんだん判らなくなってしまうことでしょう。そこで、後の世の人のために、日ごろ見聞したことを抄記いたします。

師の上人ご入滅後三十年と申しますと、それは仁治二（一二四一）年にあたりますから、たとえ月日がわからなくても、『醍醐本』の成立をこの年としなければなりません。しかるにこの奥書には、見聞した記録を誰が抄記したのか、その名を記載していないので知るよしがありません。『法然上人伝記』という表題の下に、「見聞出勢観房」と記されてありますから、源智上人が記録にとどめ置かれたものを一二四一年に誰かが抄記したと理解することができます。つまり源智上人の没後、わずか三年目に生前に記録にとどめ置かれたものを抄記したのですから、源智上人によほど近い人が抄記したとしか考えられません。抄記した人について文献の上にたしかめるすべはありませんが、おそらくは源智上人の高弟であったと推察されます。しかも『醍醐本』の最後、第六篇に収録されている『三昧発得記』の後記によりますと、「この三昧発得の記は、年来のあいだ勢観房が秘蔵して、ついに披露することがなかった。しかし没後にいたって、はからずもこれが発見されたので書写した」と記されてありますから、源智上人の高弟が、師が記録にとどめて置かれた『一期物語』以下の五篇と、この『三昧発得記』とを一具《ワンセット》として書写し、あまつさえ『法然上人伝記　附一期物語』という表題をつけ、さらに「見聞出勢観房」と記すことによって、由緒正しい相承本であることを表明した、とみることができようかと存じます。

　浄土宗の第三祖良忠上人の門弟である望西楼道光了慧上人（京都市三条大橋東詰檀王法林寺の開山上人）は、文永十一（一二七四）年十二月に法然上人の遺文を結集して『黒谷上人語燈録』全十五巻の編纂を完了されました。このなか、巻第十四（和語の部）には、『醍醐本』に収めてある禅勝房の問いとそれに対する師の上人の答え十一問答に、さらに一問答を加えた『十二問答』を収録しています。また道光了慧上人は『黒谷上人語録』の編纂に続いて、『拾遺黒谷上人語燈録』三巻を編纂され、その巻上（漢語の部）に、『一期物語』を『浄土随聞記』勢観房著、『御臨終日記』を『臨終祥瑞記』と改名し、『三昧発得記』を加えた三部を収録しています。このなか、『浄土随聞記』には「予、問うていわく」という書きだしを持つ問答三件、「師、予を召して」という書きだしに始まる文一件を見出すことができます。問答の内容に相違がなくても、「予」という一字が『一期物語』の上に見出すことができないだけに、貴重な一字といわなければなりません。「予」とは申すまでもなく源智上人のことです。源智上人は師の上人に、どのようなことをお尋ねになったでしょうか。一例をあげて置きたいと思います。

私（源智上人）は師の上人に、「もし智慧が往生のために是非必要であるのなら、師の仰せにしたがって、智慧の眼《まなこ》をひらくことに努力いたします。また、往生のためには称名《しょうみょう》の一行だけで十分こと足るのであれば、そのように心がけたいと存じます」とお尋ねしました。

師の上人は、「往生を遂げるには称名の一行しかない。このことは善導大師の教えのなかに、はっきり示されています。だから往生のためには、称名の一行で十分なのです。学問によって智慧の眼を養うよりも、ただひたすらに念仏して、往生の素懐《こころざし》をはたすべきであります。たとえ智慧の眼をやしなうことに努めようとも、浄土で阿弥陀仏や菩薩にお目にかかるまでは、いかなる法門《みおしえ》をも会得することはできません。さいわい、往生ができたならば、浄土では甚深微妙《おくふかくありがたい》み教えが、いつでも説かれているのだから、思う存分聴聞して、たやすく智慧の眼をひらくことができるでしょう。

ただし、なぜ、お念仏によって往生できるのか、という道理《ことわり》を知りたいと思うならば、学問をしなさい。もし、その道理を会得したならば、さらにとるに足りない、あさはかな思慮分別《かんがえ》によって、実現できない智慧を追い求め、肝心なお念仏を怠ることがあってはなりません」と仰せになりました。

さきに申しましたように『法然上人伝記　附一期物語』は、源智上人の門弟によって編纂されたとしましても、その材料は源智上人が記録にとどめ置かれた師の上人のご遺文ですから、源智上人も編纂者の重要メンバーであったわけです。ともかく、師の上人のご遺文を最初に編纂したという、重要な役割をはたされたのが源智上人です。文学博士であり、日本学士院会員であり、知恩院第八十二世の法灯を継承された望月信亨猊下は、源智上人による遺文の収集・編纂について、「宗祖上人の遺教の第一結集である」と、その遺業を讃えておられます。

法然上人という偉大な心のともしびが消え、よりどころを失った門弟や、苦悩にあえぐ人たちにとって、上人の遺文は、まさに闇夜にともしびを得たといっても過言ではありません。そういうことでご入滅後の人たちは、源智上人によって記録にとどめられたご遺文を拝読することによって、ご在世時と同様に、上人のみ教えに接することができたのです。

ご遺文の収集・編纂がいかに重要な役割を担っているかを知ることができるでしょう。

源智上人にはさらに、『選択要決《せんちゃくようけつ》』という一巻の著述が遺されてあります。師の上人ご入滅後、その主著である『選択本願念仏集』（以下『選択集』と略す）について、門弟のなかから、あるいは既成の仏教教団の人から、種々な非難が投げかけられたのです。たとえば、『選択集』は門弟の説であって、師の上人の著述ではないとか、『選択集』は世俗の信者のために著された書であるとか、師の上人には『選択集』にお示しになっている以外に、深義があるとかいう種々な誤解にもとづく非難、あらぬ事実無根の説が横行したので、源智上人はこれらの非難を十種に整理して、一つ一つ論破して『選択集』の真義、師の上人の実義の開顕に精根をつくされたのです。まことに雄々しい奮闘ぶりです。一部の学者の間では、この『選択要決』は源智上人の作ではなく、同門の人の著作であるという説が立てられています。そうかと思うと一部の学者の間では偽作説が否定されています。今の段階では真偽を決するにほど遠いと言わなければなりません。

ともかく、このように源智上人による『選択要決』の撰述といい、師の上人の教えや行実の記録、遺文の収集・編纂といい、実に恩師法然上人に対するなみなみならぬ敬慕の情、報恩のまこと心が、その底を一貫して流れていることに気づかされて、頭の下がるおもいを禁じ得ないのです。このような源智上人の偉大なご業績は、後日、関東の地にあって法然上人とその高弟である聖光房弁長上人の後継者として、教線の拡張につとめられていた浄土宗第三祖記主然阿良忠上人が、はるばる遠路を鎌倉から上洛されて、すっかり吸収されることになるのです。良忠上人によって吸収された源智上人のご業績、つまり法然上人のご遺文は、聖光房弁長上人から相伝した浄土宗義と溶けこんで、三祖良忠教学という立派な花を咲かせ、実をみのらすに至るのです。

源智上人のご業績の第三として、ご紹介しなければならないのは、師の上人から受けた恩徳《めぐみ》にたいする報恩謝徳の作善《さぜん》です。具体的に申しますと、三尺の阿弥陀如来立像を新たに造立して、その胎内に願文と念仏結縁交名《けちえんきようみよう》をおさめたということです。このご業績は師の上人が入滅されたその年、すなわち建暦二（一二一二）年の十二月二十四日の日付を持つ願文が物語るように、師の上人の一周忌を目前にしての造立であり、おそらくは御忌日にその開眼《かいげん》供養が行われたであろう、と推察することができます。

この阿弥陀如来像造立の一件は、ごく最近まで知られていなかったのですが、昭和五十四年八月に慈賀県甲賀郡信楽町の真言宗に属する玉桂寺という寺院に襲蔵されていた阿弥陀如来像の解体修理作業中に、胎内から源智上人の造立願文と念仏結縁交名が発見され、やっと世にあきらかになったのです。

今ここに、源智上人の造立願文（漢文体）とその訳を並記して、上人が造立にあたって祈念された内容を伺ってみたいと思います。佛教大学教授・伊藤唯真先生が刊行された『浄土宗の成立と展開』というご著書のなかに紹介された原文によって、その全文を味わってみましょう。

弟子源智、敬ツテ三宝、諸尊ニ白《もう》シテ言《もう》サク、恩ノ山尤《もっと》モ高キハ教道ノ恩ニシテ、徳ノ海尤《もっと》モ深キハ厳訓《ごんくん》ノ徳ナリ。凡ソ俗諦ノ師範タル礼儀ノ教ハ両肩ニ荷フニ尚ホ重シ。況ンヤ真諦ノ教授タル仏陀ノ法ニオイテオ乎《や》。

法然上人の末弟であります勢観房源智が、謹み敬って心の真底からひれ伏して、仏法僧の三宝・十方世界の諸仏諸菩薩に申し上げます。

人が受ける恩のなかで、もっとも高いのは、教えを頂くという恩《めぐみ》であり、徳のなかでもっとも深いのは、きびしいおさとしを授かるという徳《おかげ》であります。人の世に生きる規範であり、人としての身の振舞いをあらわす礼儀に関するご教導ですら、私の双肩に担いきれない程の重さがあります。それにも増して重いのは、生死《いきしに》の煩いから離脱《はなれる》という仏法について、お授けを頂いたことであります。

爰《ここ》ニ我師ノ上人ハ、先ニ三僧祇ノ修行ニ於テ一仏乗ノ道教ニ入リ、後ニ聖道《しょうどう》ノ教行ヲ改メテ偏《ひとえ》ニ浄土ノ乗因ヲ専《もはら》ニセラル。

私の師匠である法然上人は、その前生《むかし》、釈尊《みほとけ》の国である天竺《インド》にあって、生まれかわり・死にかわりを繰りかえしながら、三阿僧祇劫《あそうぎこう》という計り知れない長い年月を費して、仏法の真髄を体得され、さらにのち、日本国に生を享けられてからは、戒と定《じょう》と慧《え》にもとづく聖道門の教行《おしえ》にかわって、往生浄土の生因《しょういん》である称名念仏、一筋を生きぬかれました。

此ノ教ハ即チ凡夫出離《ぼんぶしゆつり》ノ道ニシテ、末代有縁《まつだいうえん》ノ門也《なり》。茲《こ》レニ由リテ四衆ハ、望《のぞみ》ヲ安養ノ月ニ懸《か》ケテ五悪ノ闇忽《たちま》チニ晴レ、未断惑ノ凡夫ハ忽チニ三有《さんぬ》ノ栖《すみか》ヲ出デテ四徳ノ城ニ入ルハ、偏ニ我師上人ノ恩徳也《なり》。粉骨曠劫《こうごう》ニモ謝シ難ク、抜眼多生《ばつげんたしょう》ニモ豈《あ》ニ報ゼン乎《や》。

この称名の一行による往生浄土のみ教えは、凡人《ただひと》が、生死《いきしに》の煩いを越えるただ一つの道であり、教え主《ぬし》釈尊がご入滅になってからのち、はるかに遠い今の世の私たちにとって、まことにご縁の深い法門《みおしえ》であります。

仏教徒は出家者・在俗者・男女の区別なく、阿弥陀仏の浄土に往生する一事《ひとこと》に素懐《のぞみ》をしぼるならば、たとえ、わが身の上に行なった殺生《せっしょう》・偸盗《ちゅうとう》・邪婬《じゃいん》・妄語《もうご》・飲酒《おんじゅ》という悪業が、つもりに積ったとしても、将来に尾を引いて地獄に堕《お》ちることなく、また、人が生まれながらにして持って生まれた人間の性《さが》（惑・煩悩《ぼんのう》）を截《た》ち切ることもなく、迷いの世界を脱け出して常《じょう》・楽《らく》・我《が》・浄《じょう》という四徳を具えた阿弥陀仏のお浄土に迎え取られるのであります。

この尊いみ教えに遭い、お浄土の人に生まれかわることのできるのは、ひとえに、私の師匠法然上人の恩徳《めぐみ》のたまものであります。この広大な恩徳《めぐみ》は、たとえ骨をくだくというご供養を、生まれかわり・死にかわりしながら曠劫《こうごう》という容易に計ることができない、長いながい歳月をかけて行い、感謝に感謝をかさねたとしても、決して及ぶところではありません。また、昔《いにしえ》に菩薩の道を歩まれた行者が、自分の眼球をくりぬいて施《ほどこ》されたが、そのような施しを生まれかわり・死にかわりいくらかさねようと、とうてい、師の上人の恩徳《めぐみ》に報いることができましょうか。決してできません。

是《ここ》ヲ以テ三尺ノ弥陀像ヲ造立シ、先師ノ恩徳ニ報ゼント欲ス。此ノ像ノ中ニ数万人ノ姓名ヲ納ムルハ、是レ又幽霊ノ恩ニ報ズル也《なり》。所以《ゆえん》ハ何者《なんとなれば》、先師ハ只化物《けもつ》ヲ以テ心ト為シ、利生ヲ以テ先《さき》ト為《な》セバナリ。仍《よっ》テ数万人ノ姓名ヲ書シテ三尺ノ仏像ニ納ム。

今ここに私は、新しく三尺の阿弥陀如来立像を造立して、師の上人の恩徳《めぐみ》に報《むく》いたいと存じます。しかも、その像の胎内に数万におよぶ人たちの姓名を書写して納めるのもまた、師の上人のご在世中に頂いたご恩にむくいるためであります。このように、像の胎内に姓名を書写して納めることが、どうして師の上人のご恩にむくいることになるかと申しますと、師の上人は、ただすべての人を生死《いきしに》の煩いのない人に生まれかわらせたい、という大慈悲心の持ち主《ぬし》であり、生涯をとおして、そのことの実現につくされたお方であるからであります。だからこそ、数万人の姓名を書写して胎内に納めるのです。

此レ即チ衆生ヲ利益《りやく》スル源《みなもと》、凡聖《ぼんしょう》一位ノ意・迷悟一如ノ義也《なり》。迷悟一如ノ意ニ住シ、衆生ヲ利益スル計ヲ以テ、先師上人ノ恩徳ニ報謝スル也《なり》。何ゾ真ノ報謝ニアラザラン乎。

この造像のこころは、とりもなおさず、すべての人を、生死《いきしに》することのない彼岸の世界、お浄土に安住させるという救済《すくい》を基調《みなもと》とし、人間の性《さが》にふりまわされている凡夫《ただひと》も、十地《じゅうじ》という菩薩の階位にある聖賢《ひじり》も区別しない心であり、迷いとか・悟《さとり》とかいって、わけへだてしないで、両者《ふたつ》を包み活《いか》す不二《ふに》の道理のあらわれであります。私はこの迷悟のいずれをも包み活すという不二《ふに》のこころに基づいて、すべての人を生死《いきしに》の煩いを越えたお浄土の人に生まれかわらせたいという大願を発《おこ》しました。この大願によってこそ、師の上人から受けた恩徳《めぐみ》を謝し、それにむくいることができると存じます。これこそ、真の報謝でなくしてなんでありましょうか。

像ノ中ニ納メ奉ル所ノ道俗貴賤・有縁無縁ノ類ハ併《ひと》シク愚侶ノ方便力ニ随ヒテ、必ズ我師ノ引接《いんじょう》ヲ蒙ラン。此ノ結縁ノ衆ハ、一生三生ノ中ニ早ク三界ノ獄城ヲ出デ、速カニ九品ノ仏家《ぶっけ》ニ至ルベシ。已《すで》ニ利物《りもつ》ヲ以テ師徳ニ報ズ。実ニ此ノ作善《さぜん》ハ莫大也《なり》。

この阿弥陀如来立像の胎内に納められた念仏結縁交名の人たちは、出家者在俗者、いろいろな階層の人であり、しかも縁《つながり》のある人も、縁《つながり》のない人もありますが、すべて皆、このたびの私の発《おこ》した大願によって、師の上人によるお導きを受けて、お浄土に生まれかわること必定《ひつじょう》であります。ここに姓名の書写されている人たちは、すべて生まれかわり・死にかわりを繰りかえす世界からぬけ出して、速《すみや》かに無量寿《いきどおしのいのち》の世界、お浄土の人に生まれかわることができます。

この造像にこめられる、すべての人を無量寿《いきどおしのいのち》の人に生まれかわらせたいという大願・師の上人の大慈悲心を私の心とすることによって、師の上人の徳《おかげ》に報いるということは、実にこの上ない作善であり、その実《みのり》には広大なものが宿《やど》されています。

上分《じょうぶん》ノ善ヲ以テ、三界ノ諸天・善神ノ離苦得道ガ為ニ、兼ネテ秘妙等親類ガ為也《なり》。中《ちゅう》分《ぶん》ノ善ヲ以テ、国王・国母・太政（太上）天皇・百官・百姓・万民ガ為ニ、下分《げぶん》ノ善ヲ以テ、自身ノ極楽ニ決定往生センガ為ナリ。

この造像をとおして、上《まず》は迷界にまします諸天善神、かねて秘妙など私と血のつながりのある者のために、中《そのつぎ》は国王・国母や朝廷の政事《まつりごと》に参画した人、その他すべての人のために、下《さいご》は私自身のために、生まれかわり・死にかわりする苦しみの世界を離れて、さとりをひらくべく、阿弥陀仏の在《まし》ますお浄土に漏れなく、迎えとられることを祈念する次第であります。

若《も》シ此ノ中ノ一人先《さき》ニ浄土ニ往生セバ、忽《たちま》チ還《かえ》リ来タリテ、残衆《ざんじゅ》ヲ引入セン。若シ又愚癡《ぐち》ノ身先《さき》ニ極楽ニ往生セバ、速《すみや》カニ生死《しょうじ》ノ家ニ入リテ、残生《ざんしょう》ヲ導化セン。自他善ク和合スルコト偏ニ網ノ目ニ似タリ。我願ヲ以テ衆生ノ苦ヲ導キ、衆生ノ力ヲ以テ我苦ヲ抜キ、自他共ニ五悪趣ヲ離レテ、自他同ジク九品ノ蓮《はちす》ニ生ゼン。此ノ願実有リ、此ノ誓尤《もっと》モ深シ。必ズ諸ノ仏菩薩・諸天善神、弟子ガ願フ所ヲ知見シタマヒテ、即チ成《じょう》熟《じゅく》円満セシメタマワンコトヲ。敬ツテ白《もう》ス。

建暦二年十二月廿四日

沙門源智敬白

この念仏結縁に姓名をつらねた人のうち誰かひとりが、さきに阿弥陀仏のお浄土に生まれたならば、そこに踏《ふ》みとどまらないで、もと暮していた世界にもどって、生き残っている人たちを浄土へ引き入れて下さい。もし、とるに足りない私源智が、誰よりもさきにお浄土の人となったならば、すみやかに生死《いきしに》の世界に帰って、残っている人をお浄土へ導きたい。お念仏にご縁を結んだ私と他の人とが、ともに往生浄土の素懐《のぞみ》を果たすためには、網の目のように互いに力をあわせましょう。

私はこの願いによって、ひとびとを苦悩《くるしみ》から解脱《のがれる》ように導き、またお念仏にご縁を結んだ人たちの力によって、私の苦悩《くるしみ》がなくなるようにし、私も他の人も共に、世俗において行なった悪い習慣が尾を引く世界からはなれて、お浄土の人となりましょう。この願いこそいつわりのない真実であり、この誓いこそ世俗のかかわりを越えて清浄であります。

願わくは、諸仏菩薩をはじめ諸天善神よ、私のこのまごころ込めた誓願をみとどけ、その達成にお力を加えられんことを、伏して請う次第であります。

一二一二年十二月二十四日

遺弟沙門源智敬って申しあげます

大変長くなりましたが、源智上人の造阿弥陀如来立像願文でした。この願文のよみ方は大正大学の宮沢正順先生が、浄土宗宗務庁の要望に応じて示された訓読に従いました。ここに厚くお礼申し上げます。なお訳文はまったくの試作で誤った解読も多かろうと存じますが、なにとぞ有識者のあたたかいご叱正を頂ければと、お願い申し上げる次第です。

3、勢観房源智上人のご生涯

宗祖法然上人から、『一枚起請文』を拝受された勢観房源智上人のご業績について、およばない足どりでご紹介してまいりました。しかし今までに、源智上人の氏《うじ》・素性などについては、なに一つ述べていませんので、ここにご紹介したいと思います。

わが国の文学作品のなか、とりわけ中世の物語作品といえば、どなた様にも『平家物語』はおなじみのことであろうと存じます。その『平家物語』のなかの「戒文」には、奈良の都に甍《いらか》を競っていた東大寺や、興福寺などのお寺を、戦火によって焼き亡ぼした張本人・平家軍団の総大将重衡《しげひら》（重盛の子）と、源頼朝の配下の者によって捕えられた重衡の懇請を受けて善知識となり、戒を授け称名念仏をお勧めになった法然上人とのことが、物語として収められています。こうした法然上人と平家一族との結びつきについては、『源平盛衰記』ともなりますと、維盛《これもり》（重盛の第一子）に対する授戒・念仏法門の授与にまで物語をひろげています。ところが源智上人は、これら重衡や維盛とまったく無関係なお人ではないのです。平家の血をひく、れっきとした一族の一人として、源平盛衰の一駒に浮かびあがってくるのが、ほかならぬこの源智上人その人なのです。

知恩院に襲蔵されている法然上人のご絵伝の圧巻ともいうべき、四十八巻からなる『法然上人行状絵図』（国宝）によると、源智上人は「備中守師盛《もろもり》朝臣の子、小松の内府重盛の孫なり」（巻第四十五）と記されています。源智上人の出自について、重盛の第五子である師盛の子とする説のほかに、重盛の第二子・資盛《すけもり》の子であるという説など、諸説あって一様ではありません。このことは、平家の一族が西海の藻屑《もくず》と化したのち、源氏による平家関係者に対する厳しい探索が、たび重ねて行われたので、身元をかくし、目だたないように行動を慎み、人目を避けて、ひっそり生活しなければならなかった状況下にあって、自分の出自を秘匿こそしたでありましょうが、みずからを名告りでることなどしなかったことを考えるならば、理解されるでありましょう。梶村昇先生は、自分の出自を「秘匿しようとした源智の心中をそのままに思いやることの方が、より源智を知ることになるのではなかろうか」（「勢観房源智の意図したもの」――『宗教文化の諸相』）と述べられているのも、宜《むべ》なるかなです。

ともかく、源智上人の父上と目される平師盛は、寿永二（一一八三）年二月、平家の一族と共に西国へ逃れ、翌年の二月に一の谷の戦いで討死（『平家物語』流布本には十四歳、四部合戦状本には十六歳、南都本には十八歳の討死としている）したのです。また、その妻、つまり源智上人の母上はといえば、わからないのがむしろ当然なのですが、源智上人ご自筆の『造阿弥陀如来立像願文』に記されている「秘妙《ひみょう》」、あるいは、その阿弥陀如来立像の胎内に納入されていた『念仏結縁交名』に「法然房源空、真観房感西《しんかんぼうかんさい》、勢観房源智、比丘尼秘妙」と次第して列記されている〝比丘尼秘妙〟こそ、源智上人の「母とみた方がよいのではないかと思う。おそらく師盛らが西国に赴く以前に妊娠していたので、一門とは行動を共にせず、都にとどまって間もなく身二つとなったのであろう」（伊藤唯真先生稿「源智と法然教団」――『仏教文化研究』第二十八号）と推定を下しておられます。さらに同じ『念仏結縁交名』ですが、さきの「比丘尼秘妙」とは少しはなれたところに、「秘妙房母大夫殿」と記されてありますので、秘妙の母方は「大夫殿」と呼ばれるにふさわしい家柄の人であることを、伊藤唯真先生はご指摘になっています。しかるに、近ごろ送られてきた学界誌によりますと、「秘妙房母大夫殿」は石清水八幡宮《いわしみずはちまんぐう》の別当職を代々勤めている紀氏であり、紀成清《きのなりきよ》の女《むすめ》であることが指摘されてありました。（野村恒道先生稿「法然の法難と源智」――『印度学仏教学研究』第六十六号）かくして源智上人は、平師盛を父上とし、秘妙を母上として寿永二（一一八三）年に、この世に人として生を享けられたのです。

源智上人の出自について記している『法然上人行状絵図』は、その文に続いて、

平家逆乱の後、よのはゞかりありて、母儀これをかくしもてりけるを、建久六年、生年十三歳のとき上人に進ず。上人これを慈鎮和尚に進ぜられけり。かの門室に参じて出家をとげおはりぬ。いく程なくして上人の禅室に帰参。（巻第四十五）

と記しています。このように建久六（一一九五）年とはいっても、その月日は不明ですが、母親の秘妙は東山の吉水禅房を訪れて、この日までかくし育ててきた十三歳のいとおしいわが子を、法然上人のもとに弟子入りさせたいと懇願したのです。法然上人は、いとおしいわが子を手ばなす母親の心情に打たれるとともに、十三歳になっても自分の姓名すら公に名告れない、しかもひとたび平家狩りの手にかかれば、生命の保証されない哀れな遺児のいのちを、どうかして護り育てることができればという温かい配慮もあって、懇請を引き受けられたのです。法然上人にはすでにこの頃、源氏の頭領であり、鎌倉に幕府をひらいた頼朝と関係を結んでいた、ときの関白・九条兼実《かねざね》（一一四一―一二〇七）に対して、授

戒をとおして念仏の教えを説き勧める間柄でもあったし、さらに天台座主《ざす》であった慈鎮和尚慈円《じちんかしょうじえん》（一一五五―一二二五）は兼実の舎弟であったので、政界と仏教界に君臨する大立物を背景として、その庇護を得てこの遺児を護り育てようと決意されたと拝察することができます。師の上人のこの温情が通じて、十三歳になる平家の遺児は、天台座主慈円の膝下《しっか》に弟子入りしたのです。しかるにその翌年の十一月に兼実は関白の職を解かれ、慈円もまた座主の職を退かねばならないことになったので、源智上人が慈円の膝下にあったのは、おそらく座主職にあった、極く短かい期間中のことであろうかと思われます。

慈円のもとから、法然上人の膝下にもどられた源智上人は、そのころ法然上人の門弟として常随給仕の役をつとめていた真観房感西上人（一一五三―一二〇〇）から、直接その指導を受けることになりました。感西上人は相模阿闍梨《あじゃり》光樹房という真言の師に弟子入りしていた人であり、法然上人もまた浄土開宗以前に真言宗のことを、この光樹房阿闍梨について学ばれていましたから、お二人は同門の弟子兄弟という間柄でした。しかるに師匠の光樹房が亡くなったので、感西上人は法然上人の弟子になられたのです。感西上人はそのもと、進士といって文章《もんじょう》の生《しょう》でしたが、のち出家した人ですから、おそらく秀才であったと思われます。感西上人が法然上人門弟の古参として源智上人の教育掛を担当することになったのは、四十歳か、あるいは四十一歳のときのことであったでしょう。脱線するようですが、真観房感西上人のことについて、少しご紹介しておきたいと存じます。

まず一つには、安楽房遵西《あんらくぼうじゅんさい》（—一二〇七）の父上で、少外記《しょうげき》禅門の中原師秀《なかはらもろひで》の請いを受けられた法然上人は、逆修説法《ぎゃくしゅせっぽう》をなさいました。逆修というのは、その人が存命中に、あらかじめ死後に行われる、いわゆる中陰《ちゅういん》の勤めを行うことであります。師秀に対する逆修が、いつ行われたかは定かでありませんが、建久五（一一九四）年のことだという伝えがあります。法然上人は初七日から六七日にいたる前後六回にわたって、浄土の三部経を中心とした説法をされ、結願には法然上人の命を受けた感西上人が勤められたのです。

第二には建久九（一一九八）年、法然上人は前の年からご病気であったので、ご招待があってもお受けにならないで、もっぱら坊ごもりといって外出されずに、静養とお念仏に励まれていたこともあって、四月になると「没後二箇条」、いわゆる遺言状を綴られました。そのなかに、遺産相続に関することも記載されています。法然上人は、まず門弟中の最古参である信空上人（一一四六—一二二八）への相続の件を記し、続いて吉水の中の坊（もと西山の広谷にあった建物）と高畠の地一所とを、長年にわたって常随給仕したその恩にむくいるために、感西上人に付属すると記されたのであります。

第三には、この建久九年には、法然上人は主著である『選択本願念仏集』一巻を撰述されましたが、病後間もない時期であり、しかも六十六歳という老齢の身でありましたから、「選択本願念仏集」という題号と、それに続く行に「南無阿弥陀仏 往生之業念仏為先」という、合計二十一字だけを染筆され、そのあとの執筆を門弟が代わって行うように命じられたのです。その光栄に浴した安楽房遵西は、第一章（聖浄二門篇）から第三章（本願篇）のなかほどの「能令瓦礫変成金」というところまで筆を運びましたが、驕慢の心がおこっているのを法然上人に見抜かれ、その役を感西上人と交替させられたのです。そこで感西上人はかわって筆をとり、第十二章（念仏諸行廃立篇）の最後まで執筆され、さらに、第十六章（慇懃付属念仏篇）私釈段の善導大師を讃仰する「静以善導観経疏者　是西方指南行者目足也」から以下、巻末にいたるまでの二十三行を執筆されたのです。法然上人、遵西・感西両上人の筆跡は、今なお京都の廬山寺《ろざんじ》に襲蔵されている『選択集』の草稿本に伝えられています。

このように逆修説法の代講といい、『選択集』の執筆役といい、感西上人は法然上人の門弟として恥ずかしくない実力の持ち主であり、また信頼のおける弟子であることを証明しています。その上、師の上人から遺産の相続を受けるほどの愛弟子であったことが知られます。そのような感西上人であったればこそ、師の上人は源智上人の教育掛を仰せつけになったわけです。

源智上人の俗名はもとより知るよしありませんが、勢観房源智という房号と諱《いみな》を頂かれたのです。源智上人という諱の「源」の字は、おそらく法然上人の諱である源空のそれでありましょう。また勢観房という房号の勢観の「勢」は、法然上人の本地である勢至菩薩それであると考えられ、また、「観」の字は真観房のそれであると考えられますが、あるいは本尊阿弥陀如来の両脇侍である観世音菩薩（慈悲）と大勢至菩薩（智慧）になぞらえてのことであったかも知れません。

さて建久七（一一九六）年晩秋の十一月、慈円僧正が天台座主の職をしりぞかれたので、源智上人は吉水の草庵にもどられ、法然上人の愛弟である真観房感西上人から、出家者としての立ち居振る舞いをはじめ、経典の素読などについて薫陶《くんとう》をうけることになりました。とはいっても、終日もっぱらそのことばかりを行うのではなく、今まで感西上人が、法然上人の身のまわりのお世話をなさっていたその役を見習いながら、ゆくゆくは感西上人にかわって常随給仕の大役がはたせるように、指導を頂かれたことでありましょう。

翌年の五月上旬のころ、たまたま鎮西の筑後から上洛された天台宗の若い学匠で、筑前油山《あぶらやま》（福岡市西区）の学頭をつとめられた聖光房弁長上人（一一六二―一二三八）が、巷《ちまた》のうわさに誘われ、東山の美しい新緑に魅せられながら加茂川をわたって、吉水の草庵に自分の比叡山での師匠である東塔東谷宝地房証真上人の知已である法然上人をたずね、その門をたたかれたとき、源智上人はお取りつぎをしたり、ご接待などされたことが推察されます。ときに聖光上人は三十六歳、源智上人は弱冠《じゃっかん》十六歳でありましたが、対面に応じられた法然上人は、すでに六十五歳という齢《よわい》に達せられていました。

この年のいつ頃のことであるかさだかではありませんが、法然上人がご病気になられたので、源智上人は感西上人のご指示を仰ぎながら、薬やたべ物の調達、看病に甲斐甲斐しくたち働かれたこともあってか、間もなく快方に向かわれました。法然上人は翌年の正月から「草庵にとじこもりて、別請におもむき給わざりければ」と、伝記（『法然上人行状絵図』巻第十一）に綴られているように、他家からのご招待があっても、すべて辞退され門外不出を宣言され、いわゆる坊ごもりに入られたのです。病後間もないことでもあり、とりわけ、京都の冬の冷えこみのきびしさを避けられてのことであろうか、と拝察することができます。ときに九条兼実公は、藤右衛門尉重経という人を使者として、

浄土の法門、年来教誡を承るといへども、心腑におさめがたし、要文をしるし給わりて、かつは面談になずらへ、かつはのちの御かたみにそなへ侍らむ。（『同上』）

と懇請したほど、坊ごもりは法然上人周辺の人たちに、大きな波紋を投げかけたことでした。

　法然上人は正月一日から、毎年勤められている別時念仏の人となられました。この間、口称念仏の一行をとおして、まどかに三昧を発得され、あまつさえ、感見された勝相を一《いち》一《いち》自筆によって記録にとどめられました。この『三昧発得記』のことは、すでにご披露いたしたとおりです。なお法然上人は、この年の四月八日に、『起請　没後二箇条事』（一、葬家追善事、二、不可諍論房舎資具衣鉢遺物等事）という、いわば遺言の類をしたためられました。このように、遺言状をつくらねばならない身体的状況下にあった法然上人は、九条兼実公の懇請もだしがたく、撰述されたのが『選択本願念仏集《せんちゃくほんがんねんぶつしゅう》』一巻です。ときに感西上人ら門弟が、その執筆の役をつとめられたことも既《すで》にご紹介したところです。『選択本願念仏集秘鈔』というお書物によりますと、

　勢観房は生年十八なり。この人、（法然上人の）御前に侍るといえども、いまだ口入れの分ほどに至らず。（巻第一）

と、鵜木《うのき》の宝幢院行観上人（西山浄土宗）は、善慧房証空上人からの伝承を記録にとどめられています。ここに記されています「口入れ」という役目は、法然上人が仰せになった

経論章疏の文を、一一その原文にあたってたしかめ、その上でその文を執筆者に示す役目ですから、よほど内・外典に精通していないと勤まらない仕事です。ですから、源智上人が伝承どおり『選擇本願念仏集』撰述の席におられたとしても、せいぜい墨をすったり、用紙をととのえたり、その他の雑用を一手に引き受けられたのが、精いっぱいのお役目であったかと思われます。

正治二（一二〇〇）年、ようやく春も近づいた二月も、なかばを過ぎた十六日、源智上人の教育掛をつとめられていた感西上人が、四十八歳という若さをもって往生の素懐をとげられたのです。法然上人はその枕辺にあって、

源空は老いの身なり。汝、真観は若き身なり。老老の師なれば、われさき立つべかりつるに、老いたる師にさき立ちて死ぬるは、汝が往生の果報なる。汝がためには、われほどの往生の善知識は争てかあらんずる。（聖光上人著『浄土宗要集』第六）

と、老少不定のことわりを、ひしひしと感じ給いながら、愛弟の往詣楽邦《おうげいらくほう》のために、みずから善知識の役をつとめることを申し出られたのです。感西上人は、これにこたえるように、

念仏往生は本懐たりといえども、去りがたき妄念一つ候。上人に多年宮仕へをいたし、

さきだちたてまつるは、大いなる妄念なり。常におもいき。臨終に磬《かね》を打ち、没後には追善を修せんと。豈に図んや、上人にさきだちたてまつりて、宮仕えに懈怠せんとは。（記主良忠上人著『浄土宗要集聴書』末）

と、せつない胸中をうちあけ、ひたすら師匠にさきだつ不孝を詫びられたのです。

数年にわたって師父として、ときには母のごとく薫陶を頂かれた源智上人は、枕辺をかこむ法然上人などの下座から枕辺につき進んで、「なにとぞ後の形見のために、なにか要文を」と、所望を一気に申し出されました。この時源智上人に対して感西上人は、一句一句をかみしめ、味わいながら、

如来の本誓は一毫《ごう》も謬《あやま》りなし。願わくは決定して、われを引摂《いんじょう》したまえ。南無阿弥陀仏。

と、申しわたされたのです。往生の素懐をとげる一瞬が、時々刻々に迫っている感西上人のお心そのままが、この要文を口ずさませるに至ったのですから、源智上人はもとより、居並ぶ一門の人たちの心に、感銘深く刻みこまれたことでありましょう。そのことはともかくとして、このことは、記主良忠上人が師の聖光上人から拝聴された言葉を、ご自身が撰述された『往生要集義記』（巻第六）の上にご披露されています。ということは、聖光上

人も感西上人の臨終の枕辺に同坐されていたことを、物語っているということができるわけです。感西上人が源智上人の所望にこたえて暗誦されたその要文は、恵心僧都源信上人の『往生要集』の巻中末、第六別時念仏門の臨終行儀に説かれている十事のなかの第十の偈文です。感西上人は常日ごろからこの偈文に心をひかれていたようで、すでにこの偈文を自筆で書き写して、枕辺に置いておかれたほどです。ともかく、臨終を迎えた感西上人と、それをとり囲み、見まもる一門の人たちは、法然上人と感西上人、感西上人と源智上人という二組の師弟の間にただよう、ほのぼのとした愛情のあたたかさに包まれた思いを禁じ得なかったことでしょう。

正治の年号は、翌三年の二月十三日でおわりを告げて、建仁という年号にかわりました。この年号も長くは続かずに四年の二月二十一日から、元久という年号に改まりました。かねてから比叡山の衆徒のなかには、日増しに盛んになってゆく専修《せんじゅ》念仏に対する妬《ねた》みが、悪意を催すまでにエスカレートする傾向がありましたが、元久元(一二〇四)年を迎えるころには、ついに不穏な気配が法然上人と、上人をとりかこむ門弟の上に、その矛《ほこ》さきが向けられるようになりました。そうした比叡山の情勢をいち早く察知された法然上人は、京都特有の蒸し暑さがまだ消え去らない八月上旬に、専修念仏の法灯を継承すべき法器《じんぶつ》であると見抜いておられた聖光上人を、より安全であり、しかも故郷でもある九州へ帰国させられたのです。はたせるかな、この年の十月には、比叡山の衆徒が念仏の停止《ちょうじ》を天台座主の真性に訴えたので、法然上人は十一月七日に門弟を集めて誡められ、七箇条からなる起請をつくられ、これを受けた門弟は誓いのしるしに、おのおの署名《サイン》をするという事態にまで発展したのです。この『七箇条制誡』は今なお嵯峨の二尊院に襲蔵されています。今その『七箇条起請文』を拝見いたしますと、七箇条にわたる制誡文のあとに、法然上人が花押を書かれ、ついで叡空上人の門弟でのち法然上人のお弟子になられた信空上人、大谷房の房主である定生房感聖上人、法然上人が財産分与時の証人に指定された相縁房尊西上人、のち西山派の祖となられた善慧房証空上人と次第し、ついで弟子として第五番目が源智上人の署名となっています。源智上人の署名は、近年発見された滋賀県信楽玉桂寺蔵阿弥陀如来立像の胎内におさめられていた造立願文の署名とあい通じるところがある、と学者によって指摘されています。翌元久二年九月には、南都の貞慶《じょうけい》上人による九箇条からなる「興福寺奏状」をかわ切りに、鹿ケ谷の一件による住蓮と安楽房遵西の死罪〔建永二（一二〇七）年二月九日〕、法然上人の配流宣下（同年二月二十八日付　太政官符）というように、事態はしだいに悪化の方向へ進展したのです。そうした緊迫した情勢下にあって源智上人は、法然上人に常随しながら師の上人の泰然たる息づかいを肌で感じながらも、師の上人の老齢の身に心をくばり、あるいは専修念仏者の動向におもいをはせて、人知れず心労の日々をかさねられたであろうことが拝察されてなりません。

宗祖法然上人は、建永二（一二〇七）年二月十八日付の太政官符によって、「藤井元彦」という俗名を与えられ、罪人に仕立てられて土佐の国（高知県）に配流されることが決定しました。とうとう来るべきものが来たと覚悟はしていても、門弟のあいだでは、師の上人のご老齢の身に心をくばり、あるいはお念仏の衰頽《すいたい》にかかわることであると歎き、その狼狽《ろうばい》はかくし得ませんでした。そうした不安な雰囲気のなかにあって、師の上人は、「われ、たとえ死刑に行なわるとも、この事（念仏）いわずばあるべからず」と、磐石《ばんじゃく》のように堅固なみ心を表示されるとともに、配所におもむくことについては、都から遠くはなれているために、いまだに念仏の勧化がおよんでいない地方の人たちに、念仏を勧めることのできることを、「年来の本意なり」とよろこばれ、流罪を朝廷から頂戴したご恩である、と頂かれたのです。師の上人は法性寺の小御堂で、九条兼実公との名残りを心ゆくまで惜しまれて、

露の身は　ここかしこにて　消ぬとも

こころはおなじ　花のうてなぞ

と、心境を吐露した和歌を兼実公におくられたのです。

信濃《しなの》の国（長野県）の御家人である角張《かくはり》の成阿弥陀仏《じょうあみだぶつ》は、師の上人をおのせした御輿《みこし》をかつぎました。僧俗大勢の見送りの人は、御輿をとりかこみながら洛中をぬけ、鳥羽の南門までお見送りし、師の上人は川舟に乗られて一路西へむかわれました。ときに三月十六日のことでした。同行をゆるされた源智上人は摂津の浦（兵庫県神戸市兵庫区兵庫）で、お別れにあたって師の上人から、お名号《みょうごう》と御影《みえい》を拝領されました。

霊沢《れいたく》上人が撰述された『円光大師御遺跡　廿五箇処巡拝記』〔宝暦十二（一七六二）年刊。最初にできた御遺跡案内記〕によりますと、

寺町長伝寺といふに、大師、せいくわんぼうげんちへ、つかわされし七遍名号、水かかみの御そんゑいあり。

と記述されています。（長伝寺は戦後、兵庫区兵庫から垂水区星陵台へ移転）

船旅を見送る人は誰でも、別れの淋しさで胸がしめつけられる思いを、ひととき、かみしめなければなりません。しだいに遠退き、波間を縫うように遠く去ってゆく船影に向かって合掌し、称名を続けられた源智上人は、法然上人という大樹のもとで世間の冷たい風

あたりを避け、あたたかいお慈悲のふところの中に包まれてから十三年目にして、孤独の世界につきはなされた思いをいだかれたことでありましょう。

師の上人は、兼実公の配慮が功を奏したため、配所を讃岐《さぬき》の国（香川県）に変更され、瀬戸内を海岸線沿いに塩飽本島《しあくもとじま》に、三月二十六日に安着されました。病いの床で待ちに待たれた安着の知らせが、届くか届かないかの間、兼実公は四月五日みまかられたのです。ときに、六十歳でした。兼実公という大外護者を失っただけに、京都にふみとどまっている上足の信空上人はもとより、源智上人をはじめとする門弟の歎きは深く、師の上人の配流による動揺が、いまだ静まらない時期でしたので、まさに追い討ちをくらったありさまでした。

その年の十月二十五日に改元が行われ、承元という年号に改められたその師走の八日に、師の上人にとってなによりの朗報がもたらされました。それは赦免《しやめん》の宣下でありました。師の上人は赦免されても、京都にもどることが許されないまま、摂津箕面《みのお》の古刹・勝尾寺《かちおでら》に長年逗留され、二階堂にお住いになりました。その後、建暦元（一二一一）年の十一月七日付で京都へもどるお許しが下され、中納言光親《みつちか》卿がこれを奉行されました。この光親卿は、源智上人のお身内、とくに母方と推察される秘妙房母大夫殿をご自身の夫人とされたお方であり、兼実公がのこされた遺言にしたがって再三再四、後鳥羽院にたいして、師の上人の赦免や京都への帰還を奏上された方です。師の上人は、勝尾寺での五回目のお正月をお迎えになることなく、十一月二十日京都にもどられ、大谷の禅房（現在の勢至堂の起源）に入られたのです。その後、ご入滅にいたるまでの師の上人の息づかいや、源智上人に対する『一枚起請文』の授与などについては、すでにお伝えした通りです。

源智上人が師の上人への報恩のいとなみとして、阿弥陀如来立像一軀をつくり、その胎内に造立願文とおびただしい数にのぼる念仏結縁交名《けちえんきょうみょう》の類を納められたことのあらまし、さらに願文についてのくわしいご紹介は、すでにいたしましたので、念仏結縁交名についてふれてみたいと思います。

伊藤唯真先生は『浄土宗の成立と展開』というご著書のなかで、

> 道俗結縁者の交名を表裏両面に細字でびっしりと書き連ねた写経料紙や、その他の紙種の継紙（写経料紙は延二十紙（延十・三五米）、その他の継紙は延三十七紙（延十一・二二米）にのぼる厖大なものである）、同じく道俗の交名が書かれた袋綴の冊子二冊（延四十紙）、同じく一紙のものの交名紙三紙（うち一紙は断簡）、別に名号紙札、結縁供養紙札、
> 百万遍念仏の数取り状などが納入されていた。

と、胎内文献の中味を分類して紹介されています。これらおびただしい数量におよぶ交名

のすべては、源智上人ご自筆の造立願文が建暦二（一二一二）年十二月二十四日付となっていますから、少なくともそれ以前に交名を終えて、源智上人の手もとに集められていたわけです。そうでなければ造立願文といっしょに胎内におさめることはできません。

実数四万六千以上、五万におよぶ交名は、源智上人のお心を心とされた多くの念仏上人が勧進聖《かんじんひじり》として洛中だけでなく、諸国へ分散して勝縁を結ぶことに協力されたからです。だからこそ、師の上人ご入滅後一年足らずの間に、なしとげることができたわけです。

念仏結縁を勧進した念仏上人の名は、ほとんど記されてありませんが、心蓮、証仏、阿弥陀房ら三名の名が『百万遍念仏衆注進帳』の末尾に署名されてあり、また『橘守利等交名』には「已上三百七十六人」と締めくくったあとに、円遊房、安部真友と署名されています。これら署名の人こそ、念仏勧進聖とその協力者であると判断することができます。

さらに名すら伝わらない多くの勧進聖は、いかなる地域に出向いて、念仏結縁を行ったのでしょうか。念仏結縁交名の書式は一定していませんので、地名国名が記されていない資料が圧倒的に多いなか、『越中国百万遍勤修人名』だけに、国名を見ることができます。しかし、交名中に三国氏、加賀氏、敦賀氏、度会氏、荒木田氏、親見氏、漆氏、和気氏などが集中して記録されていますことから、北陸、東海、中国地方における結縁のあったことを知ることができます。この外、「エソ　三百七十人」と記された冊子があります。陸奥の蝦夷《えびす》か、北陸のそれか不明ではありますが、ともかく「エソ」にも念仏の受容があったことを知ることができるのです。

この交名中に登場する人物をひろいあげてみたいと思います。法然房源空、真観房感西、勢観房源智と次第する三僧は申すまでもなく師弟関係であり、源智上人の名のすぐ次に記されている比丘尼秘妙、静妙、祐清、幸清、秘妙房母大夫殿、超清などは、源智上人の母方の身内と思われる人であり、座主大僧正慈円、法性寺入道殿下（兼実）というのは源智上人にかかわった僧俗界の大立物であり、安楽房遵西、住蓮房、善綽房西意、聖（性）願房の四僧は承元の法難で死罪になった殉教者であり、証空、信空、蓮生《れんせい》、幸西、尼聖如、宿蓮、欣西、聖覚、良遍、証真など師の上人に縁を結んだ方がたです。さらに平時家、平宗盛、平知盛、平重衡、平資盛、平惟盛、平教盛、平通盛、平経正、平師盛、平重盛、平清盛など、源智上人の父系の名を列記しています。また頼朝、頼家、尊成（後鳥羽院）、新院（土御門院）、当院（順徳天皇）、実朝、公継（徳大寺）といった人たちは、造立願文にいうところの「中分の善」を受くべき人たちであって、そのなかには、平氏にとって敵方の大将や、承元の法難の震源地ともいうべき院が含まれています。

このように交名中には現存者だけでなく、過去者も含まれ、しかも怨親の差別なくひとしく師の上人の引接《いんじょう》を頂くことを願って発願されたのが、この念仏結縁交名なのです。源智上人のひろいお心に感動せずにはいられません。この念仏結縁交名の意図するところは、そこにあるわけですが、ただ名前さえつらねたならば、師の上人の引接を頂戴することができるというのではありません。

師の上人、つまり法然上人に引接して頂いて阿弥陀仏のお浄土の人に生まれかわるためには、百万遍のお念仏をおとなえする必要があるのです。だから数多い交名資料のなかには、あきらかに『平季村等百万遍人衆』、とか、『越中国百万遍勤修人名』、『百万遍念仏衆注進帳』というように銘打たれているのです。あるいは『一万遍念仏人士』とか、『一万遍念仏者交名』と銘打たれているのもあります。さらには『念仏供養札等一括』には千反というのが圧倒的に多いですが、そのなかにあって一万返、三万返と書きこまれているのもあります。断簡の『念仏者交名』のなかには、「九邊□祐坊□□、十邊頂時坊、百邊草賀部氏、十念円忠」などと記載されています。これを見ますと、称名の数遍の多少にかかわりなく、お念仏をおとなえすることが、引接の条件になっているのです。

これらを総合して考えてみますと、お念仏を申す機縁を与えること、せいぜい数多くお念仏を申すという点に焦点があったようで、ひとりでも多くの人が、数多くお念仏を申して師の上人による引接に結縁させる、そのことが師の上人に対する報恩のしるしである、と源智上人はお考えになっていたようです。

源智上人は、師の上人の二十三回忌にあたる文暦元（一二三四）年に、嘉禄の法難によって破壊された師上人の廟堂を修理し、遺骨を安置し、堂舎を営まれたことが知恩院に伝承されています。よく考えてみますと、今まで「隠遁を好み、自行を本とす」と伝えられる源智上人が、はたして祖廟の復興や知恩院堂舎の建立をされたのだろうか、という疑問を持つ人もありましたが、埋没していた資料の発見によって一掃され、源智上人をとりかこむ勧進聖が大勢いたということ、さらに母方の支援のあって実現されたことであろうと推察できるようになりました。

源智上人が、九州は筑後の地にいられる聖光房弁阿弁長上人に送られたお手紙のことにふれなければなりません。嘉禎二（一二三六）年に、源智上人はその当時、師の上人畢世の主著『選擇集』にたいする非難に対して、『選擇要決』一巻を執筆し、十箇条にわたって邪説を論破されました。ついでその翌年の九月一日付の消息を、鎮西の聖光上人にお送りになっています。その文には、久しくお目にかからないまま、長い年月が過ぎました。今一度お会い致したいと存じますが、それもままならないことで、遺憾の極みでございます。

さて、師の上人ご入滅のあと、同門の方によるお念仏についての受けとり方がまちまちで、師説に相違したお考えをお持ちになっている方が居られることは、言語道断と申し上げる外ありません。そうしたなかで、貴上人お一人だけが、師説を堅持されていることは、私がかねがね念願としていたところで、本当に喜びに堪えない次第でございます。必ず往生の素懐をとげ、お浄土での再会を期待する次第でございます。お便りに託して、私が日ごろからの貴上人に対する敬慕の情を捧げます。貴上人からのお便りの届く日をお待ち申し上げます。その他、申し上げたいことは山ほどございますが、なが〳〵と綴ることができないので、これで失礼いたします

と記されています。背師自立の説が横行するなかにあって、師説を堅持することを本意とする源智上人にとって、ただ一人の味方であり同志である聖光上人へのお手紙をとおして、源智上人のみ心の程が推察される次第です。この便りを受けとられた聖光上人はその翌年、閏《うるう》二月二十九日に往生されたのです。この嘉禎四年の十一月二十三日に暦仁という年号に改められましたが、源智上人はその十二月十二日、「頭北面西にして、念仏二百余遍、最

後には陀仏の二字ばかりきこえ」(『法然上人行状絵図』巻第四十五)たと伝えられるように、五十六歳をもって賀茂神宮寺功徳院で往生の素懐をとげられたのであります。

なお源智上人が開創された寺院として、兵庫の長伝寺のあることは、さきにご紹介いたしましたが、今一つ、『蓮門精舎旧詞《れんもんしょうじゃきゅうし》』によりますと、福井の一乗寺をあげることができます。大正大学の玉山成元先生は、源智上人が法然上人のご名代として、この地方に布教されたかどうかは別として、たしかに有縁の地であったことは間違いない(「勢観房源智のこと」——『大正大学大学院研究論集』第七号)と、太鼓判を押されています。先生は「清盛一門の中から北陸地方の国司になった人びと」として、越前守として通盛、基盛、資盛、若狭守として経盛、越中・能登守として教盛をあげられ、「一門のゆかりの多い土地であったことは認めてよい気がする。とすれば一乗寺開山のことも、それほど不自然のことではない」と結んでおられます。

二 『一枚起請文』の伝承とその類本

高村光太郎先生が「おそろしい告白の真実」と絶讃されている『一枚起請文』の原本は、既によくよくご承知のこととは存じますが、黒谷金戒光明寺に襲蔵されています。平仮名と片仮名とが入りまじり、始終十八行によって綴られていいます原文を、活字をとおして写しとることにしたいと思います。

一枚起請文　　　　源空述(1)

もろこし我かてうにもろ〳〵の智者達の(2)
さたし申さるゝ観念の念ニモ非ス　又学文をして(3)
念の心を悟リテ申念仏ニモ非ス　たゝ往生極楽のためニハ(4)
南無阿弥陀仏と申て　疑なく往生スルソト思とりテ(5)
申外ニハ別ノ子さい候ハす　但三心四修と申事の候ハ(6)

皆決定して南無阿弥陀仏にて往生スルソト(7)
思フ内ニ籠リ候也　此外ニおくふかき事を存せハ(8)
二尊ノあハれみニハツレ　本願ニもれ候へし　念仏ヲ(9)
信せン人ハ　たとひ一代ノ法ヲ能々学ストモ　一文不知ノ(10)
愚とんの身ニナシテ　尼入道ノ無ちノともからニ(11)
同しテ　ちしやノふるまいヲせすして　只一からに念仏(12)
すへし　為証以両手印(13)
浄土宗ノ安心起行　此一紙ニ至極せり　源空カ(14)
所存此外ニ全ク別義を存せス　滅後ノ(15)
邪義ヲふせかんか為メニ所存を記し畢(16)
建暦二年正月二十三日(17)
源空（花押）(18)

（括弧内の数字は行数の表示）

この黒谷金戒光明寺に伝承されている『一枚起請文』を読誦したり、読誦されるのを拝聴して気づかされることは、まことに、たて板に水が流れるように、なんのよどみもなく、つきあたったり、ひっかかったりすることなく、なめらかであるということです。このことは、私ひとりではなく、おそらく皆様方も、すでに、さようにお気づきになっていらっしゃることかと存じます。と申しますことは、文章が洗練されている、という一言につきると存じます。法然上人は教えを請う人にたいして、誰かれの区別なく、「只《ただ》一向に念仏すべし」というおさとしを、数えきれないほど、多くの人に語り聞かされたことでありましょう。何回となく語り聞かされている間に、つきあたったり、ひっかかったりする角《かど》や、よどみがとれてなくなり、心地よいまでに拝読したり、拝聴できるように、自然のうちに練りあげられるに至ったことであろう、と思われてなりません。

『一枚起請文』には、黒谷金戒光明寺伝承本のほかに、同趣旨の内容でありながら、少し表現を異にする伝承本が残されています。それら伝承を異にする異本を紹介することによって、この黒谷伝承本がいかに洗練された表現を持っているかを、味わってみたいと思います。

異本の一として、浄土宗第二祖聖光房弁阿弁長上人（一一六二―一二三七）の伝承本があります。それは第三祖然阿良忠上人（一一九九―一二八七）の門弟である望西楼道光了慧上人（一二四三―一三三〇）が、法然上人の遺文を収集・編纂した『黒谷上人語燈録』巻第十五（『和語燈録』巻第五）におさめられている「諸人伝説の詞《ことば》」のなかに見ることができます。

それによりますと、

上人のゝ給ハく　念仏往生と申す事ハ　もろこしわか朝の　もろ〳〵の智者たちの沙汰し申さるゝ観念の念仏にもあらす　又学問をして念仏の心をさとりとほして申す念仏にもあらす　たゝ極楽に往生せんかために南無阿弥陀仏と申て　うたかひなく往生するそとおもひとりて申すほかに　別の事なし　たゝし三心そ四修そなんと申す事の候ハミな南無阿弥陀仏ハ決定して往生するそとおもふうちにおさまれり　たゝ南無阿弥陀仏と申せハ　決定して往生する事なりと信しとるへき也　念仏を信せん人はたとひ一代の御のりをよく〳〵学しきハめ

たる人なりとも　文字一もしらぬ愚癡鈍根
の不覚の身になして　尼入道の無智のとも
からにわか身をおなしくなして　智者のふる
まひせすして　たゝ一向に南無阿弥陀仏
と申てそかなはんすると

となっています。この聖光上人の伝承本を拝読いたしますと、黒谷金戒光明寺伝承本の洗練さにくらべますと、たしかに流暢さに欠ける点がありますが、しかし、それだけに、この文章にはゆきとどいた表現がつかわれていますので、理解しやすいことを長所としている、ということができるのです。

この聖光上人伝承本は、道光了慧上人によって「諸人伝説の詞」のなかに掲載されていますが、いうところの「諸人伝説の詞」の諸人とはいかなる人を指し、また伝説の詞とはどのような内容を持つことばなのでしょうか。法然上人の膝下に師弟の縁を結んだ門弟が、日ごろ師の上人から聴聞したことばを収録したのが「諸人伝説の詞」です。ここに掲載された順を追って、伝承した門弟とその詞の数を紹介いたしますと、隆寛(一)、乗願房(三)、信空(十)、聖光(六)、禅勝房(七)、道遍(一)となっていて、総計二十八の法然上人の詞がおさめられています。この聖光上人伝承本はとおし番号で申しますと、第十八番目に登場する詞で、聖光上人伝説の詞にかぎって申しますと、第四番目の詞であります。

道光了慧上人は、この聖光上人の伝説六種に対して、次のような注記を付しています。一―四の詞に対して「物語集にいでたり」、第五の詞に対して「授手印にいでたり」、第六の詞に対して「徹選択集にいでたり」というのがそれです。つまりこの注記は、その詞の典拠を示しているのです。してみますと、今の聖光上人伝承本は『物語集』におさめられていた詞であることが知られるわけです。いうところの『物語集』とはすでに散逸して現存いたしませんが、義山良照上人（一六四七―一七一七）とその門弟見阿素中上人の『和語燈録日講私記』第五巻によりますと、浄土宗第八祖酉誉《ゆうよ》聖聡《しょうそう》上人（一三六六―一四四〇）は、この「物語集を御覧と見へたり」と指摘し、『筑紫の物語集』という名称をもって酉誉上人が呼んでおられたと記しています。ともかく、この聖光上人伝承本が、この『筑紫の物語集』に収録されていたことは確実です。

さらに、『黒谷上人語燈録』巻第十一には、『御誓言の書』と題して、黒谷金戒光明寺襲蔵の『一枚起請文』が収められ、しかもその末尾に「これは御自筆の書なり勢観聖人にさづけられき」と注記してあります。この『御誓言の書』は黒谷襲蔵本に比べますと、その第一行目の「一枚起請文　源空述」に代って「御誓言の書」という五字を置き、第十三行目の「為証以両手印」より以下、第十八行までのすべてを欠いています。そのほか、第六行目に相当する「三心四修なと」というように、黒谷襲蔵本にみられない「な」の字が挿入されていることに気づかされます。

最後にまとめて申しますと、『一枚起請文』には聖光上人と源智上人との二種の伝承本が残されている、ということです。現に黒谷金戒光明寺に襲蔵されています流暢さにおいて勝る源智上人伝承本は、表現として熟していない聖光上人伝承本よりも、時期的に遅れて成立したことに気づかされるわけです。

聖光上人にはこの『一枚起請文』に関係の深い、『善導寺御消息』と題する書翰が伝えられています。しかも現今、三本あることが知られています。その一本は、今、どこの、どなたが所蔵されているか確認できませんが、故徳富蘇峯氏（一八六三―一九五七）旧蔵の古鈔本で、鎌倉時代の書写本と言われています。二には、近江国安土の浄厳院に襲蔵されている隆堯《りゅうぎょう》法印（一三六九―一四四九）が書写した古鈔本で、その奥書に「干応永三十二（一四二五）乙巳年六月三日沙門隆堯書之」と記されてあります。三には、大本山清浄華院に伝わる然阿良忠上人の書写本で、「然阿ミタ仏花押」という奥書を持っています。

　これら三本のなか、故徳富旧蔵本と清浄華院本との二本の末尾には、「安貞二（一二二八）年十一月十日」と記載されています。しかるに隆堯本には「安貞二年十一月七日」と記載し、その下に割註のような恰好で、向って右側に「沙門弁阿 在判」と記し、左側に「伝授口決師入阿在判」と記されています。この記載を重視いたしますと、玉山成元先生がその著『中世浄土宗教団史の研究』のなか、第一章源空門下の諸流、第四節『選擇集』と「一枚起請」のなかで、敬蓮社入阿（一二〇三―一二八五）が、「弁長より一枚起請文の口決をえたことはこれによって明らかである」と指摘されているようになります。そうしますと十一月十日という記年の下に、「然阿ミタ仏花押」を持つ清浄華院本は、師の聖光上人から伝授されたこの消息を、良忠上人ご自身が書写された本ということができると存じます。

『善導寺御消息』は長文ではありますが、参考に資するため次に掲載いたしたいと存じます。

　日本国[1]
　安貞第二年、西海道筑後国善導寺沙門[2]
弁阿ミたふつに、諸国修行の人々の中にとひて（問）[3]

乃たまハく、コ《故》法然上人ハ、念仏往生乃事ヲハ(4)真実にハいかやうにおほせ候しそ。こ乃ことを(5)つふさにうけたまハりて候て、我も往生(6)を思きか候はん。又さも念仏往生乃こゝろさし(7)ふかく候ハむ人にもかたり《語》つた《伝》へ候ハんと思候(8)に、アリノマヽノチカコト《誓言》タテツキテ、カタ《語》リツ《伝》(9)タヘヲハシマシ候へ。アナカシコ〱、ウケタマハリ候ハム。(10)予コノコトマウ《申》シタクサフラウ《候》、コノコロ《此頃》モトアルヒト《人》モイマ(11)クル人モ、コ《故》法然上人ノヲシヘ《教》トテ、念仏ノコトマウ《申》シアヒテ(12)候コトノ、ミナ《皆》カハリテマウ《申》シ候トウケタマハリ候、ミツカラ《自》モ(13)ノコリ《残》ノイノチイクハクモ候ハス、カクテヤミ候ナハ、(14)コヽロ《心》ウキコトカナトオモヒ候テ、ヨニマウ《申》シヲキ《置》タキ(15)コトニテ候ニ、ウレシクヲオセ《仰》ラレタリマウ《申》シオキ(16)サフラ《候》ハム。ソレニサモ心サシフカク《深》候ハム人ニハツタ《伝》ヘ(17)ヲカ《置》セタマヒ候ハヽ、マコト《誠》ニウレシク候、コレコソホイ《本意》ニテ候へ。(18)

念仏往生ト申シ候コトハ、コ《(故)》法然上人ノ御房ノ候シハ、(19)
モロコシ我朝ニモロ〱ノ智者達ノサタ《(沙汰)》シマウサル、観(20)
念ノ念仏ニモアラス、学問ヲシテ念仏ノコ、ロヲ(21)
サトリトウシテマウス《(申)》念仏ニモアラス、タ、往生極楽(22)
セムカタメニナモアミタ仏トマウシテ、ウタカヒナク(23)
往生スルソト思トリテ、マウシ候ホカニヘチ《(別)》ノコト(24)
候ハス、タ、シ三心ソ四修ソナムトマウス事ノ候ハ、ミナ(25)
決定シテナモアミタ仏ハ往生スルソト思ウチニヲサ(26)
マレリ、コノホウシモヨク〱ナラヒ候テノチニ思アハセ、(27)
コヒシリノ御房モヲホセラレ〱テハ、ナモアミタ仏ト(28)
マウスハ決定シテ往生スル事ナリト、シム《(信)》トルトコソ(29)
候シカ、コノホカニヲク《(奥)》フカキコトノアルソトハマタクヲ(30)
オセ候ハス、モシソレコノホカニヲクフカキ事ノアルソ(31)
トモ、ヒシリノ御房ノヲ、セコト候ハ、、アミタ仏ト釈迦(32)
仏トノヲ《(御)》ムアハレミマカリカフリ候ハシ、又念仏守護(33)

ノホムテム、タイシヤクノヲムハチフカクアタリ候ハム、(34)
念仏ヲ信シタマハム人ハ、一代ノミノリヲヨク学シ(35)
ナラヒタル人ナリトモ、文字一モシラ《(知)》ヌクチトムコム《(愚癡鈍根)》ノ(36)
フカク《(不覚)》ノ身トナシテ、尼入道無智ノトモカラニワカミ《(我 身)》ヲ(37)
ナシテ、智者フルマイナカクセスシテタタ一向ニナモアミ(38)
タ仏トマウシテソカナハムト、故法然ノ御房ハオホセ候シカ(39)
ミツカラカキヽ、ヒシリ《(聖)》ヲムハウ《(御房)》ノタシカニヲシヘヲカセ(40)
タマヒシコト、百度モ千度モ如此シ(41)

安貞二年十一月十日(42)

このように『善導寺御消息』の後段に収録されている『一枚起請文』に相等する箇所には、表現上の相違がありましても、釈迦、弥陀二尊に対して誓いをたてておられる部分が明記されています。このような点から、玉山成元先生は「一枚起請とはいわれてないが、字句の差こそあれ文意は全く同じもの」と指摘されています。してみますと聖光上人は『和語燈録』所収の『一枚起請文』とは別に、「二尊のあはれみ」の部分を持つ『一枚起請文』を法然上人から伝授された、といっても過言ではありません。『和語燈録』所収の『一枚起請文』はいつ法然上人から伝授されたか不明ですが、この『善導寺御消息』に収録されている『一枚起請文』の類本は、さきごろ円満寺から発見された隆寛律師作と称せられる『法然上人伝』（仮称）に記載されていますように、法然上人が建暦二年正月二十三日以前に、門弟の各人に授与すべく執筆された『一枚起請文』の中に、聖光上人に宛られる一本が用意されていたのですから、おそらく門弟の一人であり、ご臨終を見まもった勢観房源智上人が、聖光上人のもとにお届けになったのでありましょう。それにしても黒谷金戒光明寺本とは字句の上に相当のひらきがありますから、『善導寺御消息』本は、聖光上人が「滅後のかたみ」として頂戴された『一枚起請文』を自家薬籠中のものとせられた上で、ご自身の表現をまじえて執筆されたものと想像することができるでありましょう。『和語燈録』の「諸人伝説の詞」のなかに収録されています聖光上人伝受の『一枚起請文』と比べてみますと、『善導寺御消息』のなかに『和語燈録』所収本の表現を数箇所見出すことができます。詳しいことは機会を得て、学問的に検討しなければなりません。

第二章　『一枚起請文』の本意

序　『一枚起請文』の内容区分と題号

1、仮名法語としての『一枚起請文』

宗祖法然上人のご遺文は、その文体によりますと漢語によって綴られたものと、和語によって綴られたものとに分類することができます。法然上人のご遺文の収集・編纂にあたった望西楼道光了慧上人は、『黒谷上人語燈録』(文永十一＝一二七四年成立)を漢語十巻と和語五巻とに分け、さらに『拾遺黒谷上人語燈録』(文永十二年成立)を漢語一巻と和語二巻に分けられています。このなか、漢語の最たるものは、なんといっても六十六歳のとき撰述された畢生の主著『選擇本願念仏集』一巻であり、和語の最たるものは、いうまでもなく八十歳ご入滅にあたって綴られた『一枚起請文』一紙であります。徳川時代の宗学者義山良照上人(一六四八―一七一七)は、『一枚起請弁述』(元文元＝一七三六年撰述)のなかで、

広くすれば選擇集、縮むれば一枚起請也。縮めたりとて切り捨てたるものはあらざる

也。から笠大《かさ》なりとて、はたまはりを切り捨るとにはあらざる也。すぼめて小さくするなり。然れば、ひろげたるが選擇集、すぼめたるが一枚起請也。

と、この両者の関係を述べられています。このように『選擇集』と『一枚起請文』とは漢語と和語という相違がありましても、そこに綴られている内容には、なんらの遜色がないと言われていることに注目しなければなりません。

わが国では古く、漢文体は男性、和文体は女性による言語表現の常例とされていました。そのような傾向のなかにあって特に仏教では、中国において漢字訳された経典に教えの根拠を置いている関係から、いきおい漢文体の経典や祖典を用いることに重きを置いていました。しかるに十三世紀を迎えますとそういった傾向が堰を切って流れる水のように、仏教の日本的展開を実現された法然上人を始めとする各宗の祖師方が、和語によって教えの内容を綴ることが一般化したのです。その先頭を歩まれたのが、わが宗祖法然上人です。

道光了慧上人が『拾遺黒谷上人語燈録』の序のなかで、「やまとことばは、その文見やすく、その意さとりやすし」と指摘されているように、和語になる仮名法語の平易さは、いわゆる教化の対象者である民衆に受けいれ易いことは当然のことです。したがって、法然上人の説かれるお念仏の教行が、急速な勢いをもって民衆の一人一人の心のなかに浸透する上に、大きな役割を演じたというべきでありましょう。法然上人が和語を使用されたことは、ご自身の「戒定慧三学の器《うつわ》にあらず」という自覚、「十悪の法然房、愚癡《ぐち》の法然房」と、阿弥陀仏の摂取不捨の光明に照らし出されたご自身を述懐されていますような、人間の性《さが》を見極められた宗教人・念仏者としての自己省察に深くかかわっていると思われるのです。そうした自己省察に達せられた法然上人であればこそ、この地上に生を亨けたすべての人を善悪、賢愚、貴賤などという差別によって色わけすることなく、人間の性《さが》を否定するどころか、むしろそれに支配され、振りまわされている同病者であると受けとめておられましたから、仮名法語に説かれる内容はあらゆる民衆の心をとらえて、はなすことがなかったのです。

今成元昭先生は『仏教文学の世界』という著書のなかで『一枚起請文』について、この一文で私がたいへん興味を感ずるのは、「もろこし我が朝に、もろ〱」と静かに始まった文章が、「非ず」「非ず」「候はず」という否定を連ねて展開し、後半に至ると、「一代」「一文不知」と一を重ね、「なして」「同して」「せずして」と入念な忠告の果てに、「唯一向に念仏すべし」とおさめる表現である。

『一枚起請文』はもろもろの行を否定し一向専修に念仏するという法然究極の思想を、

言語による理論的世界を超えた、曼陀羅にも似た形象の中に凝結させている。これは、法然が意図して仕組んだ構図ではなかったかも知れない、とするならば、研鑽と迫害の中で練り上げられた法然の強靱な思想が、八十年の生涯の終りにあたって、独りでに歩き出した、思議を絶した姿と見るよりほかないであろう。

と申されています。また、今成先生は法然上人の書翰の一節をとりあげて、「行き届いた構成と言語配置とを見ることができる」と指摘され、「語句が反復しながら起伏を豊かにし、行を追うごとに一貫した主旨がますます堅固なものとして対者の心底にくいこんでゆく、一語一句の無駄もない論証的名文である」とその特徴を具体的に示されています。これに対して、「思想が言語を超克した一つの形象として独立的世界を構築しているのが『一枚起請文』である」と指摘されているのによりますと、同じく和語で綴られた遺文でありましても、『一枚起請文』は他の法語の文ときわだった特徴を持っているといわなければなりません。

2、『一枚起請文』の内容区分

黒谷金戒光明寺に襲蔵されている『一枚起請文』は、漢字と平仮名・片仮名をとりまぜた三百十八字からなる短篇の文章です。短篇・長篇といった文章の長短によって、その内容の勝劣がわかれるわけではありません。要は、撰者が意図するところを漏れなく表現されてさえいれば、最良というべきです。とくにこの『一枚起請文』は、法然上人がご入滅にさきだって、ご自身が生涯にわたって一貫して主唱し、みずから実践された念仏の肝要を述べ、自分はこれ以外のことを実践し、主唱したことが絶対ありませんと、釈迦・弥陀二尊に誓われた「御誓言書」でありますから、文章の長短など問題にならないわけです。

さて、この『一枚起請文』を理解するにあたって、その内容をどのように区分すればよいでしょうか。『一枚起請文』という題号と、それに続く「源空述」という第一行と、第二行目の「もろこし我かてうに」以下、年号・署名にいたるまでを六段に分けて、ご紹介したいと思います。

一、別解《べつげ》・別行《べつぎょう》者の説き行う念仏

二、法然上人の主唱される念仏の肝要

三、念仏を申す人の上に、おのずから具わるもの
四、誓いをたて、釈迦・弥陀二尊に証を請う
五、智者のふるまいなく、ひたすら念仏すべし
六、究極の意志の表明
この六段のなか、第二、三、四の三段は、いわゆる『一枚起請文』の本論です。これに対して第一段は、第二段に示される内容と相異する内容が示されています。ということは、第一段と第二段の双方を比較することによって、第二段に示される内容の独自性をあきらかにしよう、というねらいのあってのことです。第五段は、第二、三、四段に示される内容を、実際に行う人のあるべき姿勢・態度が示されています。第六段は、第四段に示される内容に関連を持つものとして、『一枚起請文』の総結ということができるでしょう。

3、『一枚起請文』という題号――法然上人の御誓言の書である――

申すまでもなく題号は、その一部の内容を最もよく、端的に言いあらわすのが常の慣いであります。『一枚起請文』に、大本山金戒光明寺に襲蔵されています勢観房源智上人伝

承本と、そのほか、望西楼了慧上人が編纂した『黒谷上人語燈録』巻第十五の「諸人伝説の詞」のなかに収められています聖光房弁長上人伝承本との二系統のあることは、すでに前においてご紹介いたした通りです。

今この二つの伝承本を比較いたしますと、源智上人伝承本には『一枚起請文』という題号が記されてあるのに対して、弁長上人伝承本には題号が置かれてありません。さらにその本文を比較しながら拝見しますと、源智上人伝承本の第八行目のなかほどから九行目にかけて、「此外ニおくふかき事を存せハ　二尊ノあハれみニハツレ　本願ニもれ候へし」という三十二文字からなる一文が記されてありますが、弁長上人伝承本にはこの三十二文字を欠いているのです。このことは大変重要なことで、この三十二文字のある・なしによって起請文であるか・起請文でないか、「御誓言書」であるか・ないか、が決定されるのです。

源智上人伝承本と弁長上人伝承本とには、ともに、結論的な内容として「たゞ一向に念仏すべし」という旨が説かれていることに相違ありませんが、その「たゞ一向に念仏すべし」という一事について、法然上人ご自身が三十二文字を費やして、誓いのことば（御誓言）を記されているか・いないかの相違を看過してはなりません。源智上人伝承本は、この三十二文字の誓いのことばを持つことによって、『一枚起請文』という題号が与えられているわけです。これに対して弁長上人伝承本は、この三十二文字からなる誓いのことばを欠いていますから、「御誓言書」でも、「起請文」でもありませんから、この方は法然上人が門弟や信者に向かって、お念仏をお勧めになった教誡の文と規定することができるのです。

もともと「起請」と申しますのは、『角川　国語辞典』によりますと、(1)(イ)物事を発起して、主君に願い出ること(文書)。申請書。(ロ)いつわりのないむねを神仏にちかうこと(証言)。誓紙。(2)約束の証書。と記しています。『一枚起請文』の場合の「起請」の内容は、(1)の(ロ)を指していることは申すまでもありません。したがって法然上人が、「たゝ往生極楽のためニハ　南無阿弥陀仏と申て　疑なく往生スルソト思とりテ申外ニハ別ノ子さい候ハす」と仰せになった、そのことを、三十二文字を用いて、そのこと以外になにも秘めた義のないことを、弥陀・釈迦二尊に誓われているのであります。そういう点で『一枚起請文』は、法然上人の単なるご遺訓ではないわけであります。

法然上人はなぜ、このように弁長上人伝承本に三十二文字にわたる誓いのことば・起請を加えた文章を、源智上人に授けられたのでしょうか。そのいわれは、「此外ニおくふかき事を存せハ」等の三十二文字のなか、最初の十三文字に注目することによって、解決の糸口をつかむことができるかと存じます。このなか「此外」とありますのは、さきに述べたように、源智上人伝承本の第四行目のなかほどから第六行目のなかほどにかけて、「たゝ往生極楽のためニハ　南無阿弥陀仏と申て　疑なく往生スルゾト思とりテ申外ニハ別ノ子さい候ハす」という四十五文字を踏まえてのことです。つまり法然上人は自分ご自身の修行も、他の人に勧める修行も、すべてこの四十五文字以外のことを行ったことも、説いたこともないと断言されているのです。そうですから「此外ニおくふかき事を存せハ」という表現にはきびしさが漂っていることが看取され、誓言・起請にふさわしい文章と受けとることができるかと思います。

この「おくふかき事」とはいったい、いかなる内容を指していっておられるのでしょうか。源智上人の撰述になる『選擇要訣』のなかに参考になることが記されてあります。この『選擇要訣』は法然上人の主著であります『選擇本願念仏集』に対する十種の非難を一つ一つあげながら、その非難を一つ一つ論破しているのです。そのなかの非難の一つとして、「法然上人がお説きになる内容は、機根の浅い人にふさわしい浅義をお示しになっているが、深義については秘してお示しになっていない」（取意）という非難が示されていますが、それがここにいう「おくふかき事」を指すのです。

このように、師の上人には「おくふかき事」・実義・深法があると主張する一部門弟の虚言《そらごと》が、法然上人ご在世当時から、教界の内外でまことしやかに取り沙汰されていたのです。しかも師の上人はこれは虚言と断じ、自分は七万遍の念仏者であって、虚言のように秘めた実義など毛頭ほどだにも持ちあわしていない、と誓言されたのです。そのような事実が『一枚起請文』の成立に先行していたればこそ、『一枚起請文』のなかに、「此外ニおくふかき事を存せハ　二尊ノあハれみニハツレ　本願ニもれ候へし」と記さなければならなかったのです。だからこそ『一枚起請文』は、あくまでも「御誓言書」として、受けとめねばなりません。したがって「元祖大師ご遺訓」というような表現を枕ことばにして、『一枚起請文』を拝読することを改めなければならないと存じます。

一　別解・別行者の説き行う念仏

もろこし　我かてうに
もろ〳〵の智者たちの
さたし申さるゝ観念の
念ニモ非ス
又学文をして　念の心
を悟リテ申念仏ニモ非
ス

わたくし（法然上人）が、年ごろ主張するところの浄土宗のお念仏は、これまでに中国や日本において、仏法を習いきわめられて智者と呼ばれる多くの人たちによって、いろいろ論議をかさねられたような、散り乱れたる心をしずめて、真如や法性の理法、あるいは、み仏様のご相好やお浄土の有様に思いを凝らし、観察する、いわゆる観想に基づくお念仏ではありません。

また、仏法について解知《げち》をかさねて、お念仏の意味を心得た上で、み仏のみ名をおとなえするような、お念仏でもありません。

まず最初に、文中の用語について解説しておきたいと思います。

最初の「もろこし」は唐土・唐の訓読。むかし、わが国の人が中国を指して呼んだ名称であります。したがって、たかきび・もろこしきび・とうきびなどと呼ばれる蜀黍《もろこし》・唐黍《もろこし》のことではありません。もろこしは諸越とも書くことがありますが、この諸越は百越と同意であります。「中国の春秋戦国時代に、現在の浙江省を中心として勢力をふるっていた越との交通が盛んであったところから、本来はその地方を指していたが、しだいに中国全土の呼称となり、唐・唐土と同義化した」といわれています。

「我かてう」はわがちょう・我が朝のことで、日本を指しています。

智者（ちしゃ）とは仏法を習いきわめて、仏の教えにあかるい人を指しています。

「智」はさとり・さとし・かしこしと訓じ、「知」はしると訓じます。知は智に通じて使用されますが、智は知るとは訓《よ》ません。したがって知者と智者とは区別しなければなりません。

「さた」とは漢字で沙汰と書きます。ここでいう沙汰は、仏教の教理や実践上の重要なことを問題として論議することです。

観念はかんねんと音読します。真如《しんによ》とか、法性《ほっしょう》という理法・真理、あるいはみ仏やお浄土のすがた（相）などに、心を集中して観察《かんざつ》・思念することです。

学文はがくもんと音読しますが、学問と同じ意味であります。わが国では中世から近世にかけて、学問を学文と書くことが多かったのです。

この第一段には、法然上人がおひらき下さった浄土宗のお念仏にさきだって、すでに中国や日本において、各宗のお祖師様がたによって説かれたいろいろなお念仏を総括して述べられています。しかもそれらのお念仏は、すべて自分が主唱するところの浄土宗の念仏ではない、と判断をくだしておられるのです。

お念仏はその字が示していますように、仏を念ずる・仏をおもうことですから、仏教である限り宗旨・宗派のいかんを問わず、念仏をしないはずありません。念仏という用語は一つであっても、たとえば、お釈迦様を信仰の対象としたり、阿弥陀仏を信仰の対象としたりというように、いかなる仏様を念ずるかによって、お念仏の中味に相異ができてまいります。たとえ信仰の対象が阿弥陀一仏であったとしても、その阿弥陀仏を念ずる方法・仕方によって、いろいろと相違ができるわけです。

また「覚《さとり》」は智慧によって得られますが、さらにくわしく申しますと、慧（般若・Prajñā）は無分別智によって真如《しんにょ》・法性《ほっしょう》という平等の理を、さらに智（闍那・Jñāna）は無分別智をふまえた後得智、清浄世間智によって、すべての差別（事）の相を覚《さと》るのですから、お念仏の念の中味が法性・真理（おさとりの内容）とあっては、仏様を念ずる以上に容易なことでないのです。そういったことを、まず頭に入れて、この第一段の内容を探ってみたいと思います。私がこの第一段に対して「別解《べつげ》・別行者《べつぎょう》の説き行う念仏」という題名を与えたゆえんは、法然上人の遺文を集録・編纂された望西楼道光了慧上人（一二四三―一三三〇）によって『御消息』と命名された法然上人のお便りのなかに、「浄土門の解行にことなるがゆへに、別解別行となづくるなり」と仰せになっているお言葉をふまえて、法然上人の主唱されるお念仏でないお念仏という意味を含ましての命名です。

1、観念の念にも非ず――第一の非――

私はこの第一段の前半を拝読するたびに想い起こすことは、法然上人と師の慈眼房叡空上人との問答のことです。と申しますのは、法然上人が浄土宗をおひらきになる以前、いまだ比叡山は西塔黒谷の叡空上人の膝下にあってご指導を受けながら、ご自身の出離生死について尨大な一切経を何回となく繙いたり、いろいろな修行を実地に実践されたあげく、恵心僧都の『往生要集』に導びかれて、善導大師が著書の上に示しおかれた称名念仏に心ひかれ、それを実際に行い、ほぼご自身の出離生死の道はこれだ、これしかないという感触を得られたので、師の叡空上人に称名念仏に関するお考えを打ちあけ、聞いて頂いた時のことです。その時の模様は『法然上人行状絵図』巻第六の第二段に、次のように記されてあります。

あるとき上人、往生の業には称名にすぎたる行あるべからずと申さるるを、慈眼房は、観仏すぐれたるよしをの給ければ、称名は本願の行なるゆへに、まさるべきよしをたて申たまふに、慈眼房、又、先師良忍上人も、観仏すぐれたりとこそおほせられしが、との給けるに、上人、良忍上人もさきにこそむまれ給たれ、と申されけるとき、慈眼房腹立したまひければ、善導和尚も、上来雖説定散両門之益、望仏本願意在衆生、一向専称弥陀仏名と釈したまへり、称名すぐれたりといふことあきらかなり、聖教をはよく〳〵御覧給はでとぞ申されける。

この記事によりますと、観仏はすぐれているという叡空上人、およびその師の良忍上人のご意見と、善導大師の教えに基づく法然上人のご意見は、真向から対立しているのです。観仏を勝とする伝統を打ち破ってこそ、浄土宗はひらかれるのですから、法然上人にとって、叡空上人とのこの問答は終生忘れ得なかったことでありましょう。そういった経緯《いきさつ》をふまえますならば、この一段の理解を容易にすることができると存じます。ともあれ「観勝称劣」の説を理不尽におしつけられた過去の経験が、『一枚起請文』の冒頭を「観念の念ニモ非ス」という言葉で飾ることとなったのではないでしょうか。

今この第一段を拝読いたしますと、「非」の字が二度にわたって使用されていることに気づかされます。その第一は、「観念の念」に対して法然上人が「そのようなお念仏ではありません」と、「非」の字を置くことによって、ご自身の主唱されるお念仏を反証されています。第二は、「念の心を悟りて申す念仏」に対しても、法然上人が「そのようなお念仏でもありません」と、これもまた同じく「非」の字を置くことによって、ご自身の主唱されるお念仏を反証されているのです。それでは法然上人によって「非」という判断をくだされたお念仏の内容について考えてみたいと思います。

仏教では古くから観念について、理と事の二観があるとされています。その理観にもまた、聖道門の理観と浄土門の理観との二種が説かれています。

法然上人は『往生大要鈔』のなかで、

真言の入我々入、阿字本不生の観、天台の三観六即中道実相の観、華厳宗の法界唯心の観、仏心宗の即心是仏の観

という四つの観を列挙されています。これらはすべて「即身頓悟の理を観ず」る観法、つまり理観です。この聖道門の理観に対する浄土門の理観とは、たとえば『大乗起信論』の

修行信心分に、

もし、専ら西方極楽世界の阿弥陀仏を念じ、修するところの善根を廻向して、かの世界に生ぜんと願求すれば、すなわち往生を得て常に仏を見たてまつるが故に、終に退することとなし。

もし、かの仏の真如法身を観じ、常に勤めて修習すれば、畢竟《ひっきょう》じて生ずることを得て正定に住するが故に。

と説かれているなか、阿弥陀仏の「真如法身を観じる」というのが、この浄土門の理観であります。このように阿弥陀仏を観念することによって、法身真如を観ずることは、理としての真如を観ずることよりも容易であることを物語っています。つまり阿弥陀仏という人格身をとおすことによって、その仏に具わる智慧と慈悲のなか、智慧によって覚《さと》られた内容である理法を観ずることができるということは、人格身というすがた・かたちを具えた具体的なものをとおさない観法よりも容易であることを意味しています。

法然上人が「非」とされる「観念の念」は、直接には浄土門の理観を指していますが、いうまでもなく聖道門の理観もそのなかに含まれていることは申すまでもありません。法然上人はいかなる点から、「非」という断をくだされたか、遺憾ではありますが、ご自身のご意見を述べられていません。それだけにこの問題は慎重に検討を加えながら、解答を考えなければなりません。

法然上人が主唱されるお念仏は、従来行われていた観念の念仏でないことを、「観念の念ニモ非ス」と『一枚起請文』の上に明確にお示し下さったのです。とは申しましても、ご入滅間もない時点に至って、はじめて「観念の念ニモ非ス」と申されたのではなく、少なくとも開宗以後、上人が一貫して強調されたところです。法然上人が『つねに仰られける御詞』のなかに、

近来の行人、観法をなす事なかれ、仏像を観ずとも、運慶・康慶がつくりたる仏ほどだにも、観じあらはすべからず。極楽の荘厳《しょうごん》を観ずとも、桜梅桃李《おうばいとうり》の華菓《けか》ほども、観じあらはさん事かたかるべし。たゞ彼仏今現在世成仏、当知本誓重願不虚、衆生称念必得往生の釈を信じて、ふかく本願をたのみて一向に名号《みょうごう》を唱べし。名号をとなふれば、三心《さんじん》をのづから具足するなり。(『法然上人行状絵図』巻第二十一)

というお言葉を見出すことができます。このお詞を訳してみますと、「ちかごろの行者は、理観をこころみてはなりません。理観よりもたやすい、仏像や仏画をとおして仏の相好を観想する、いわゆる色相観をこころみたとしても、かの有名な鎌倉初期の仏師・運慶やそ

の父の康慶が、腕によりをかけて造りあげた仏像のうるわしい相好ほども、観じ現すことができません。ましてや、極楽の荘厳功徳を観想しても、自然界に妙《たえ》なる色をそえる桜・梅・桃の花や、李《すもも》の実の美しさほどさえ、観じ現すことは困難であります」と、観法、観想の容易でないことを指摘されているのです。

また法然上人に常随給仕し、『一枚起請文』の執筆を懇願された勢観房源智上人が編纂された『一期物語』（醍醐三宝院蔵『法然上人伝記』）に、次のような記事が収められています。

ある時、鎮西より来れる修行者、（法然）上人に問い奉りていわく、称名のとき心を仏の相好に係けることは、如何様《いかよう》にか候べき。上人いまだ言説したまわざる前に、かたわらの弟子、然るべし云々。上人いわく、源空は然らず。唯だ「若我成仏十方衆生、称我名号下至十声　若不生者不取正覚、彼仏今現在世成仏　当知本誓重願不虚　衆生称念必得往生」と思ふばかりなり。わが分際をもて仏の相好を観ずとも、さらに如説の観にあらず。深く本願を憑みて口に名号を唱るただ一事のみ仮令《たとえ》ならざる行なり。修行者悦《よろこ》びて退出し畢《おわん》ぬ。

この問答にも、『つねに仰られける御詞』と同意趣の内容を、法然上人は語られています。「鎮西より来れる」というからには、この修行者は法然上人の名声を伝え聞き、はるばる九州から上洛したのでしょう。彼はただ「称名のとき心を仏の相好に係けること」という一事を伝授していただこうと決意しての入洛であったと思われます。仏道修行にかけるこの修行者の志が、いかに真剣であったか、その熱意が伝わって来ます。そのことはともかくとして、『つねに仰られける御詞』にも、また、この鎮西の修行者の問いに対するお答えにも、善導大師が『往生礼讃』のなかに示された第十八念仏往生の願に対する妙釈を、漢文体のまま引用されています。法然上人はこの妙釈をお受けになって、「ふかく本願をたのみて一向に名号を唱ふべし」と、ご自身の態度を表明されています。このことは法然上人が主唱される口声《くしょう》の称名念仏は、この妙釈をよりどころとされていることを物語っています。善導大師のこの妙釈の内容については、この「別解・別行者の説き行う念仏」の項をしめくくる内容として、くわしく述べることにいたしたいと思います。はなはだ不十分でありましたが、第一段にお示しになった第一番目の「非」の内容について、法然上人のみ心を探ることを、ひとまず終わりたいと存じます。

2、念の心を悟りて申念仏にも非ず――第二の非――

第一段に登場する第二番目の「非」、すなわち「学文をして 念の心を悟リテ申念仏ニモ非ス」について法然上人のみ心を探ってみたいと思います。

「念の心を悟」るには、それにさきだって「学文をして」という条件が置かれていることに注目されます。仏教を「学文」するということは、仏道を身をもって習い極めることを意味しています。私は、この「御誓言書」のこのくだりを拝読するたびに、次にご紹介する法然上人と門弟との間にかわされた問答を、想い起こすのです。それは浄土宗の第二祖・鎮西の聖光上人が法然上人にお尋ねになった問いです。

ある時問ていはく、上人の御念仏は智者にてましませば、われらが申す念仏にはまさりてぞ、おはしまし候らんとおもはれ候は、ひが事にて候やらん。(「諸人伝説の詞」

――『黒谷上人語證録』巻第十五)

という問いかけは、法然上人は少なくとも、十八歳で比叡西塔黒谷の叡空上人の膝下に隠遁されてよりこのかた、四十三歳で浄土宗を開創されるまでの間、血のにじみでるような学文に明け暮れられ、「智慧第一の法然房」という讃辞をうけられたほどの智者であられたので、おそらく「念の心を悟リテ申念仏」をされている、と聖光上人が思いこまれたのも無理ないことであります。それに引きくらべて自分（聖光上人）たちは、「念の心を悟」るほどの「学文をして」いないので、同じように南無阿弥陀仏とみ名をお称えしても、法然上人の申されるお念仏と私たちの申すお念仏とは雲泥の違いがある、という先入感に立ってのお尋ねです。

この問いをお受けになった法然上人は、「またくさる事候はず」という立場にたたれているので、まだそのようなことがわからないのかとばかり、ご機嫌をそこないながら、「さばかり申す事を、用い給はぬ事を」――それほどまでに、心得る必要はありませんよと、打ち消しておられるのです。この問答がかわされたのは、聖光上人が法然上人の膝下にいられた建久十（一一九九）年の二月から、元久元（一二〇四）年の八月までの間のことであったと考えられます。してみると、御入滅にさきだって綴られたこの「御誓言書」との間に、八年少々のへだたりがありますが、その内容なり、法然上人のみ心は、終始一貫していることを知ることができるのです。

法然上人は、また、

愚癡の法然房が念仏して往生せんといふ也。安房《あわ》の助という一文不通の陰陽師が申す念仏と、源空が念仏とまたくかはりめなし。（「聖光上人伝説の詞」――『諸人伝説の詞』）

と申されていますが、このお言葉は、

もし智慧をもて生死をはなるべくは、源空なんぞ聖道門をすてゝこの浄土門におもむくべき。まさにしるべし聖道門の修行は、智慧をきはめて生死をはなれ、浄土門の修行は、愚癡にかへりて極楽にむまる。（「信空上人伝説の詞」――『諸人伝説の詞』）

というお言葉や、

されぱとしごろならひあつめたる智慧は、往生のためには要にもたつべからず。（「禅勝房上人伝説の詞」――『諸人伝説の詞』）

というお言葉と、関連させて味読したいと思います。

仏教を学文するということは、戒《かい》と定《じょう》と慧《え》の三学を修することであり、とくに智慧をきわめることによって〝覚《さとり》〟の世界に入ることを目的としているのです。仏道において尊重されるべきこの大切な智慧を、なぜ、「往生のためには要にもたつべからず」と、こともなげに言いきることができるのでしょうか。山の頂に至るには、ふもとから短い行程であるがけわしい道、登りやすいけれども行程の長い道、登りながら下界をながめるのに景色のよい道といったように、道は一筋でないのです。仏道もまたしかりです。「智慧をきはめて生死をはなれ」る道と、「愚癡にかへりて極楽にむまる」る道というように、大きく二つにわけられるのです。前者を聖道門と称し、後者を浄土門と名づけています。法然上人のお念仏は、申すまでもなく浄土門ですから、「智慧をきはめる」道でなく、「愚癡にかへる」道です。

「愚癡にかへる」ということは、人間の性《さが》にめざめることであり、その限り一種の智慧といってよいでありましょう。むさぼり（貪欲《とんよく》）・怒り腹だち（瞋恚《しんい》）・道理にくらい（愚癡）という三毒（三大煩悩《ぼんのう》）に汚染されている偽らざる現実の自分自身に気づくこと、それを見つめることができることを、「愚癡にかへる」というのです。このように赤裸々な、ありのままの偽らない自分自身の気づくためには、どのようにすればよいのでしょうか。念仏者はいつも南無阿弥陀仏とみ名をとなえることによって、阿弥陀仏という全ったき人格と対面し、そのひかりに照らし出されてはじめて、みにくい自分の影に気づかされるのです。いわゆる仏と凡（夫）の間に成りたつ触れあいを通して、愚癡の身であることを知らされるのです。だからこそ、心の底から「ふかく本願をたのむ」よりほかなく、ひたすらに阿弥陀仏のみ名をおとなえするわけです。このように人間の性《さが》に支配され、むさぼりや怒り腹だちによって振りまわされた生活をくりひろげている私たちにとって、戒・定・慧という伝統的な学文は到底、成就、実現し得るはずないのです。したがって「学文をして念の心を悟リテ申念仏ニモ非ス」という非は、なまなましい赤裸裸な自分自身の現実を凝視した上でくだされた判断である、という外ありません。

法然上人は「念の心を悟リテ申念仏」をめぐって、さらに今一つ「非」の極印をおされましたが、その内容について述べようと思います。

それは法然上人の門弟ですが、鎮西の聖光上人とはまったく違い、背師《はいし》自立《じりゆう》といって師の上人の主唱されるお念仏の趣《おもむき》と異った、いわば自己流の念仏義を打ちたて、しかもこれこそ師の上人の真義だ、と偽って弘めていたのです。この背師自立の説は、すでに法然上人のご存命の頃、北陸道に流行していました。ちょうどその頃、法然上人はご流罪の刑が勅免によって解かれましたが、しかし住みなれた京都は東山の吉水の草庵にもどることを許されないままに、摂津国の勝尾寺の草庵においでになった承元三（一二〇九）年の六月十九日に、綴られた『一念義停止《ちょうじ》起請文』という書状のなかに、その背師自立の説を「一念の偽法」と断じ、その提唱者を「心に道心なく、身に利養をもとめ、それによりて恣《ほしいまま》に妄語を構《かまえ》て諸人を迷乱す」る「無智誑惑の輩《ともがら》」であると、きめつけられたのです。かくしてその提唱者である成覚房幸西《じょうかくぼうこうさい》（一一六三—一二四七）をついに破門されましたが、その提唱する念仏義は、一念義という名称をもって呼ばれています。

さて、法然上人によって破門された幸西の一念義とは、どのような念仏義であったのでしょうか。

法然上人の七万遍念仏は、これ只外の方便なり。内に実義あり。人いまだこれを知らず。いうところは、心に弥陀の本願を知らば、身かならず極楽に生ず。浄土の業はこれにおいて満足す。この上なんぞ一念を過ぎん。一遍なりといえども重ねて名号を唱すべけんや。

と、『一念義停止起請文』のなかに、その内容が紹介されているとおりです。

この『一念義停止起請文』にはさらに続けて、幸西がみずから提唱するところの念仏義は、師の上人から伝授された秘義であると、臆面もなく申したてています。

彼の（法然）上人の禅房において、門弟等二十人あり。秘義を談ずるところには、浅智のともがらは性鈍にしていまだ悟らず。利根のともがら僅かに五人ありて深義を得。われはその一人なり。彼の（法然）上人己心中の奥義なり。容易にこれを授けず。器《うつわ》を択《えら》んで伝授せしむべし云云。

この幸西の言い分によりますならば、

師の法然上人はご自身の心中奥ふかくに、秘められているお念仏の奥義を、すべて門弟に伝授されることはありませんでした。なぜかと申しますと、浅智の人は師の上人がそうした奥義をお持ちになっていることすら知らないし、また、かりにその奥義を拝聴する機会にめぐまれたとしても、その内容を悟ることができないからです。だからこそ師の上人は、多くの門弟の中から器量のすぐれた、利根の者を選んで、奥義をお授けなされたのです。わたくし幸西は、師の上人によって選ばれて奥義を授けられた五人の利根者の中の一人です。

と豪語することによって、背師自立の偽法をカムフラージュし、あまつさえ権威づけを行っているのです。

『一念義停止起請文』のなかに示される一念義の提唱者の成覚房幸西の言い分を、整理してみようと思います。

師の法然上人の秘中の奥義を悟ることができない「性鈍」な、「浅智のともがら」のために師の上人は、「七万遍念仏」つまり称名念仏をお勧めになられた。それは一種の手立てであるから、「外《げ》の方便」に過ぎない。したがって称名念仏は師の上人の秘中の奥義でない。

と主張しているのです。この「外の方便」に対して「内に実義あり」というのは、師の上人の秘中の奥義のことであり、それは「利根のともがら」にかぎって、伝授をうけることができた、と言い張っているのです。

このように人を、性鈍と利根とに大別して、お念仏は「内なる実義」・「己心中の奥義」を悟ることのできない性鈍な・浅智の人に限ってお勧めになった、という考えは、法然上人ご存命中にも横行していたようです。たとえば、法然上人は『津戸の三郎入道へつかはす御詞』の冒頭に、

熊谷入道・津戸三郎は無智のものなればこそ、但だ念仏をばすゝめたれ。有智の人はかならずしも念仏にはかぎるべからず、と申すよしきこえて、きはめたるひが事にて候。(『黒谷上人語燈録』巻第十四)

と記されているのが、それです。世間の人がとり沙汰していることを耳にされた法然上人が、それは私の主唱するところでもなければ、また阿弥陀仏の本願のみ心でもなく、まったく道理にそむいた間違った考えである、と指摘されています。このなか、「無智のもの」とは「性鈍」な「浅智のともがら」のことであり、「有智の人」というのは「利根のともがら」を指すことは申すまでもありません。一念義の提唱者である幸西は、このような風

潮をふまえて、師の上人が「容易にこれを授け」なかった「已心中の奥義」の伝授は「利根のともがら」に限られていることを強調し、次第にエスカレートさせて行ったのです。

さて、幸西の提唱する一念義に説くところのお念仏は、どのような点で「念の心を悟りて申す」念仏なのでしょうか。『一念義停止起請文』のなかに示されている、

心に弥陀の本願を知らば、身かならず極楽に生ず。浄土の業はこれにおいて満足す。


という一文のなかに、その内容の終始を知ることができます。つまり、阿弥陀仏の本願を知ればただそれだけで往生できる、「心に弥陀の本願を知」ることが往生を実現する方法であるというのです。この「本願を知」る以外に、これといった往生のための方法を認めませんから、「浄土の業はこれにおいて満足す」と記されているのです。

「弥陀の本願」は善人悪人の区別なく、すべての人を一律平等に浄土に迎えとることを特徴としています。この阿弥陀仏の本願は、その昔、阿弥陀仏が法蔵菩薩であられたとき、自分が将来仏となったならば、このようなことを実現して、すべての人を救いたい、と五《ご》劫《こう》という表現を絶する長時間を費して思惟に思惟をかさねて四十八の誓願をたてられ、さらに兆載永劫という長い長い歳月をかけて、その誓願が実現成就するように修行をつまれ、ついに願行具足して阿弥陀仏になられたのです。この、阿弥陀仏の本願のみ心を知る、そ

の中味はと申しますと、つね平生の行状から堕地獄必定の私たちが、本願によって救われるという救済の道理を十分に知り、わきまえる、つまり解知《げち》することであり、そのことこそ、「念のこころを悟る」ことなのです。ここにいう「悟る」とは、そのように思い込むことです。そのように思い込み・そのように解知してお念仏を続けるのであればともかく、ひとたび思い込み・解知したならば、お念仏は申す必要がないというのが、一念義なのです。幸西はなぜ、お念仏を続ける必要を認めないのでしょうか。

一念義によりますと、

阿弥陀仏はその昔、法蔵菩薩のとき、すべての人を漏れなく救うという誓願をたて、その誓願が実現成就しなければ、私は仏にならないとお誓いになられた。その法蔵菩薩は誓願どおり仏になられ、阿弥陀仏と名告られている。阿弥陀仏になられたということは、すべての人が救われていることを意味している。しかし今の今まで、既に救われていることに気づかずにいた私が、すでに救われていると思い込めばよいのである。だから、それ以上に、どうかこの私をお助け下さい、とお念仏を続ける必要がない。

というのです。一念義のお念仏の中味は、このような内容にかかわっているのです。幸西の提唱するお念仏とは、法蔵菩薩が阿弥陀仏になられたその時から、この私は救われているのだと思い込み、そのように解知することですから、師の上人によって「念の心を悟リテ申す念仏」として、「非」の極印が押されたのです。

『一枚起請文』の第一段に示されている「学文をして　念の心を悟リテ申念仏ニモ非ス」という一文をめぐって、すでに仏教でいうところの「学文」は、今日、世のなかでいう学問と違って、戒《かい》と定《じょう》と慧《え》の三学のことであり、智慧を磨くことを目的としていることを述べ、この三学の実践をとおして磨かれた智慧に基づいて、お念仏に関するすべてのことを知りつくし、心得た上で申す念仏は法然上人が主唱されるお念仏ではないことをご紹介いたしました。続いて「念の心を悟リテ申念仏」について、史実をふまえながら、法然上人から破門を言いわたされた成覚房幸西が打ちたてた一念義という背師自立の説こそ、まさに法然上人が「非」という文字をもって否定されるところの「念の心を悟リテ申念仏」であることをご紹介いたしました。

さらに、既に申し述べたような仏教用語の概念や、史実をふまえるといった枠、すなわち「学文」とは三学を指すとか、「念の心を悟リテ申念仏」とは一念義のことであるとか、そういうことを離れて、今私たちが、この世のなかに生活している一人として、この一文を、どのように受けとめればよいか、ということを考えてみたいと思っています。つまり拡大解釈して、「非」の内容をさらに掘りさげてみたいのです。

この「学文をして　念の心を悟リテ申念仏」というのは、おおざっぱに申しますと、お念仏を申す人は、阿弥陀仏によって救われる、という道理、つまりすじみち・ことわりを心得た上で、お念仏を申すということです。そのように心得るには、なんといっても経典に説かれていること、お祖師様のお示し下さった文章をとおし、あるいは善知識の説法を拝聴することをとおして、救済のすじみち・ことわりを自分が納得できるまで、思慮・分別をはたらかして理解することがなくてはなりません。したがって、理解を深めるためには、知的能力の必要なことは申すまでもないことです。このように、知的な理解をとおして、救済のすじみち・ことわりを知り・納得することを、専門用語で解知《げち》と申しています。この救済のすじみち・ことわりについての理解は、試験の答案を書くための理解でありませんから、理解の程度・濃淡によって、救われるとか・救われないとかが決定するわけではありません。要は、自分自身が納得できればよいのですから、人ひとりずつ、理解に格差のあることは当然のことです。このように、救済のすじみち・ことわりに関する解知をとおして会得した上で、お念仏を申すことを専門用語で、義解《ぎげ》念仏と申しています。この義解念仏こそ、まさに「学文をして　念の心を悟リテ申念仏」なのであります。この義解念仏について具体的に申しますと、次のようです。

私はみ仏のみこころにかなうような生活から、はみでたことばかりを重ねている人間です。

あるいは、

私は今日まで親不幸をかさね、長く続いた由緒ある家を、これほどまでに没落させた張本人です。

私はお金もうけという私利私欲のために、多くの人や社会に多大のご迷惑をかけて来た悪者です。

というように、自分自身のマイナスの面を自覚した上で、「私はこのように、まともな人間ではなく、まことに救われようのない私であります」が、このような私ひとりのために、阿弥陀仏は仏になられる以前、法蔵菩薩と名告られていたとき、五劫という長い年月を費して、自分が仏となったならば、このようにしてすべての人を救済したいという具体的な救済の在り方の方法を考えぬかれ、さらにそれを実現するために長載永劫という長期間にわたって修行をつみ重ねられ、ようやくその願行にむくわれて、阿弥陀仏となられたのです。したがって、私はこのように至らない者ではありますが、阿弥陀仏がこのようにして私のためにお建てになった本願のみ心、すなわち「わが名を称える者は、一人漏れなく、わが浄土に迎えて救いとる」とお誓い下さったそのみ心のままに、南無阿弥陀仏とみ名を称えさえすれば、かならず救われるのだと解知し、そのように会得し・思いこんでお念仏をするのを、義解念仏と申すのであります。

しかるに、そのような救済のすじみち・ことわりなどなど毛頭知らない人でも、「お念仏を申しなさい。されば必ず救われますよ」という、ただそれだけのことを教えられて、お念仏を申して救われる人もあるのです。このように、ただ教えられたことを疑わずに、素直に受けとめ、その教えを信じてお念仏する人を、単信口称《たんしんくしょう》の念仏者と言い、さきの義解念仏に対して愚鈍念仏と申しています。この義解念仏と単信口称の愚鈍念仏とを、たとえをもって比べてみたいと思います。

私たちはお客として人様のお宅に招待され、一晩泊めていただくことがあります。その時のことです。

「お風呂の準備がととのいました。どうぞお入り下さい」

と案内を受けました。ある人は、

「はい、ありがとうございます」

とお礼を言って、さっそく浴場へ行きました。しかるにある人は、

「お宅の風呂は五衛門風呂ですか。あるいはガス風呂ですか、電気風呂ですか、お湯の温度は、何度でございますか」

などと、問いを重ねた上で、やっと納得して入浴をしました。この二人二様のなか、さきの方は単信口称の愚鈍念仏者であり、のちの方の人は義解念仏者であることは申すまでもありません。

この義解念仏について、法然上人はなぜ「非」の極印を押されたのでしょうか。一口に申しますと、阿弥陀仏の本願のみ心を、私たち人間のあさはかな思慮分別によって解知するからです。つまり、思慮分別という物差しでは押しはかることのできない、いわゆる不可思議な阿弥陀仏の本願のみ心を、押しはかるからです。この義解念仏は、思慮分別の尺度では計《はか》ることができない阿弥陀仏の本願のみ心を、強引に計《はか》量るという過失《あやまち》と、あえてそれを計《はか》量ろうとする愚かな私が存在《あ》るという過失《あやまち》と、都合二つのあやまちを犯しているのです。

私たちは日常生活のなかで、「言語道断《ごんごどうだん》」と言ったり、あるいはそれを文章の上に見出したりすることがあります。この「言語道断」という言葉は、たとえば、インド大乗仏教を代表する大論師であり、八宗の祖として崇拝される龍樹（ナーガルジュナ）菩薩は、『中論』という論書を造られ、『般若波羅蜜多経』に説く「空《くう》」について、微に入り細をうかがった論究を発表されていますが、その『中論』の巻第三「観法品」の第七偈に、「諸法の実相は、心行言語断」と示しておられるのと、同じ内容です。また同じく龍樹菩薩が『摩訶般若波羅蜜経』を釈された『大智度論』という釈経論の巻第二に「心行処滅　言語道過」と言っているのも、同じことを言いかえているに過ぎません。さてこの『中論』の偈文は、仏教に説く法性・真如という名称で呼ばれる絶対・理は、私たち人間の認識の対象にならない（「心行処の滅」）のです。また、その法性・真如は私たちの用いている言葉によって表現できない（「言語の道を過ぎたり」）というのです。このことは義解・解知ということの限界を知る上に、大切な考え方です。

この偈文の示すところに基づいて考えてみますと、義解念仏者は、言葉や文章によって表現しつくせない阿弥陀仏の本願のみ心を、思慮・分別をとおして解知し、納得したうえでお念仏する人ですが、その解知した中味は、その人なりの中味であって、決してそれ以上の何ものでもありません。これに対して、単信口称の愚鈍の人は、教えられたままを素直に受けとめ、ひたすらにそれを信じてお念仏する人ですから、解知する・解知されるという対立関係をこえて、阿弥陀仏の本願のみ心のただ中に飛びこんだ人であり、本願のみ心をみずからの心とする人なのです。この単信口称の念仏者は、解知をしない・本願による救済の道理をわきまえない人ですから、専門用語では愚鈍念仏の機と呼んでいます。『一枚起請文』の第二段以降の内容は、この単信口称による愚鈍念仏の内容が示されることになります。

最後に一言申しそえて置きたいことは、思慮・分別というこざかしい理性をはたらかすことを容易に中止できない私たちは、大いに解知をはたらかせて、早くお念仏を確信をもって申すことができるよう努めたいと存じます。少なくとも解知は救われたいという道心の上に行うべきであって、決して議論をかさねるための解知でないことを、肝に銘じておきたいと思います。

二　法然上人の主唱される念仏の肝要

――称名念仏のひとりだち――

たゝ往生極楽のためニ
ハ　南無阿弥陀仏と申
て　疑なく往生スルソ
ト思とりテ　申外ニハ
別ノ子さい候ハす

ひとえに阿弥陀仏の在ます西方極楽浄土に往生するためには、南無阿弥陀仏と声にだしてみ名をおとなえする、そのお念仏の一声一声をお浄土にお迎え下さるのだという確信、そういう思いに基づいて称名する以外に、これといって特別の方法はありません。

『一枚起請文』の第一段であります「別解・別行者の説き行う念仏」に続きまして、第二段の「法然上人の主唱される念仏の肝要」について、その内容をお伝え致したいと存じます。

この第二段の四十五文字には、浄土宗の信仰の目的、いわゆる所求《しょぐ》としての「往生極楽」と、その目的を達成する方法、いわゆる去行《こぎょう》としての「南無阿弥陀仏と申」すこと、その去行を実行する上に、欠かせない心がまえ・心のはこび方、いわゆる起行《きぎょう》の用心《ようじん》として「疑なく往生スルソト思とりテ申」すという三点こそ、法然上人の主唱されるお念仏を正しく理解し、実践する上で大変重要な内容をお示し下さっています。と申しますことは、法然上人のお示し下さったお念仏を申す人は誰でも、信仰の対象と、信仰の目的と、その目的を達成する方法という三つの上に、しかと心を安置し、安置させる必要があるからであります。

この第二段には信仰の対象、いわゆる所帰《しょき》について明示されていない、とお考えになるお方がおありかと存じますが、往生極楽が願われているその極楽浄土の主《ぬし》であり、また南無阿弥陀仏とそのみ名をおとなえするところの阿弥陀仏こそ、まぎれもなく念仏者の信仰の対象なのです。そういうわけでこの第二段には、ことさらに阿弥陀仏を信仰の対象とすべきである、とは記載されていませんが、所帰は去行のなかにしかと含まれているのです。

この『一枚起請文』は法然上人ご入滅の三日前、つまり最晩年の撰述ですが、これに対して六十六歳の御年に撰述された『選択本願念仏集《せんちゃくほんがんねんぶつしゅう》』一巻は、法然上人の畢生の主著です。今ここに、この第二段の内容を、『選択集』をとおしてとらえることは、まことに有意義なことです。『選択集』の開巻劈頭の第一行目には、『選択本願念仏集』という題号、つま

り著書名がおかれていますが、それに続く第二行目には、

南無阿弥陀仏　往生之業 念仏為先

という十四文字にわたって浄土宗の所帰と去行とが示されています。このように、南無阿弥陀仏とお念仏を申す目的は、あきらかに往生極楽ですから、この第二行目の十四文字こそ、『一枚起請文』の第二段の内容そのものであることが知られます。

この阿弥陀仏を信仰の対象として頂き、その阿弥陀仏のみ名を南無阿弥陀仏とおとなえして、信仰の目的である往生の素懐をとげさせていただくのが、浄土宗のすべてです。そういう点から申しますと、法然上人がその当時、既成の仏教各宗が八宗も、九宗もあるなか、いろいろな障害、抵抗を押しきってまで浄土宗をお開き下さったのは、『選択集』第十六章の私釈段のなかにお示し下さっているように、「速《すみ》やかに生死を離れ」ることができるのが、この念仏の一行《いちぎょう》であったからです。しかるにこの念仏の一行は、私たち一人ひとりが阿弥陀仏のみ名をおとなえすることに違いありませんが、『選択集』第三章の私釈段にお示し下さっているように、阿弥陀仏が、たくさんある仏道修行のなかから、とくに念仏の一行を選び取って、「わが名をとなえる者は、すべて漏れなく、わが浄土に迎える」とお誓いになり、私たちに往生極楽の行としてお示し下さった選択本願の念仏なのです。

だからこそ、私のような至らない愚かな者でも、お念仏を申せば、本願のお力が一声一声に加わって、速やかに往生の素懐をとげることができるのです。

1、名号に具わる深勝性と平等性

多くの人のなかには、称名念仏のことを「たかが仏名をとなえたぐらいで」と、思われる方もおありのことでしょう。お念仏があまりにも平易な行でありますから、それでも往生の行になるのだろうか、と疑念がおこるのも無理からぬことです。実のところ、おとなえする名号には、そのような、あさはかな思慮・分別によってとらえることのできない勝れた功徳が具わっているのです。

阿弥陀仏は、布施《ふせ》とか、持戒《じかい》とか、忍辱《にんにく》とか、精進《しょうじん》とか、禅定《ぜんじょう》とか、般若《はんにゃ》とか、ありとあらゆる仏道修行を選び捨て、ただ偏えに念仏の一行だけを選び取られて、これを私たちに往生の行としてお与え下され、しかもその念仏によって往生を得しめることをご自身の根本願望とされているのです。私たちを救って下さる阿弥陀仏が、私たちのためにすでに用意され、しかもこれだと指定して下さった往生行がお念仏なのですから、ただみ名をお

となえさえすれば、往生極楽は間違いないわけです。阿弥陀仏は四十八願中の第十八願に、
もし自分が、仏となったならば、わが名をとなえること、上《かみ》は一生涯、下《しも》は十声一声にいたるまで、すべて往生できるであろう。もし往生ができなければ、仏にならない。と、お誓い下さっているのです。だからお念仏は阿弥陀仏の本願に基づく念仏であり、また阿弥陀仏によって選捨・選取がなされた上で定められた選択《せんちゃく》本願の念仏なのであります。
仏名をとなえるということは、名まえによって言いあらわされる当体とは、無関係でないということを大前提としています。このことを専門用語で「名体不離《みょうたいふり》」と申しています。名と名によって指し示される当体とは、切っても切れない関係にあるからであります。阿弥陀仏はほかの仏様と同じように、さとり（内証《ないしょう》）の功徳と、阿弥陀仏に特有な他を救うはたらき（外用《げゆう》）の功徳とを、兼ね具えられています。したがって、阿弥陀仏のお名号には、阿弥陀仏の内証の功徳と外用の功徳のすべてを、そのなかにおさめているわけであります。このように阿弥陀仏のお名号には、阿弥陀仏ご自身に具わる内証と外用のすべての功徳が摂在《おさめられ》ていますから、これをおとなえする人の身と心に蓄積されていたよごれ・垢が次第に除かれ、心の奥行を深く掘りさげることができるのです。このような点で、阿弥陀仏のお名号は大変勝れた功徳を具えていますから、法然上人は「勝《しょう》」という名をもって

名号を絶讃されています。この「勝」についての『選擇集』の原文は次のとおりです。

勝劣とは、念仏はこれ勝、余行はこれ劣なり。ゆえんいかんとならば、名号はこれ万徳の帰する所なり。しかれば則ち弥陀一仏のあらゆる四智、三身、十力、四無畏等の一切の内証の功徳、相好、光明、説法、利生等の一切の外用の功徳、皆ことごとく阿弥陀仏の名号のなかに摂在せり。故に名号の功徳最も勝とす。余行はしからず。おのおの一隅を守る。ここをもって劣とす。

たとえば世間の屋舎のごとし。その屋舎の名字のなかには、棟、梁、椽、柱等の一切の家具を摂すれども、棟、梁等の一一の名字の中には、一切を摂すること能わず。これをもってまさに知るべし。しかれば則ち仏の名号の功徳は、余の一切の功徳に勝れたり。故に劣を捨てて勝を取りて本願とし給うか。(『選擇集』第三章私釈段)

また、さきに申し上げましたような布施・持戒などの行を、かりに往生のための行と定めたならば、どれだけの人が、往生できるでしょうか。往生のできない人は、はなはだ多いのに対して、往生できる人はごくわずかである、といわなければなりません。阿弥陀仏の根本願望はすべての人を漏れなく浄土に迎えとることにありますから、布施・持戒などを選び捨て、誰もが容易に行ずることができる称名、阿弥陀仏のみ名をとなえる行を、往生に必要な行として私たちにお示し下さったのです。お念仏は誰にでも、たやすく実践できますから、これを往生行と指定された阿弥陀仏のみ心は、すべての人を一律平等に、ひとり漏れなく救いとる、という広大無辺なお慈悲に根ざしているのです。このように誰もが、しかも容易に行じ得る念仏について、法然上人は「易」という名をもって絶讃されているのです。

この「易《い》」という表現は「しやすい」と理解して間違いではありません。しかしそれだけではなぜ「しやすい」のか、という中身がさっぱりわかりませんから、今一つ物足りなさを感じます。法然上人はその「しやすい」という中身を徹底的に追求され、無限定にまでひろげられたのです。その中身というのは、男女という性別・年齢・素質能力・職業など一切の差別をこえて誰でも、昼夜の別なくいつでも、行住坐臥という生活行動の状態のいかんを問うことなく、どこでも・なにをしていても、さらにお念仏に取りくむに至った動機・経緯《いきさつ》や、お念仏を申し始めてから、それに費した時間・回数の長短を問わないというのですから、「易」の中身がいかに幅広であるかを知ることができます。それでこそ、お念仏はすべての人に「平等往生」の一筋道として開かれることになったわけです。

この「易」を仏道実践の上に持ち込んだのは、ただ「しやすさ」を求めるという安易な気持ちからではありません。仏道をわが身の上に成就完成するには、あまりにも現実とかけ離れてきびし過ぎ、容易に所期の目的を達成できないという仏道実践上の実状をふまえた、やむにやまれない求道心が「しやすさ」に取りくんだのです。仏道実践の上にこの「易」が持ち込まれてから、法然上人に至るまでの歴史は実に久しいのです。インド大乗仏教を代表する中観仏教の大論師である龍樹菩薩（一五〇―二五〇）は、『十住毘婆沙論』巻第六易行品において「信方便易行」の道をひらかれ、また、同じくインド大乗仏教を代表する瑜伽唯識仏教の大論師である天親菩薩（四〇〇―四八〇）は、『無量寿経論』（通称『往生論』、または『浄土論』）を著わして、「速やかに阿耨多羅《あのくたら》三藐《さんみゃく》三菩提を成就することを得」（早作仏）る道として五念門を創設し、龍樹菩薩によって開かれた「易」のなかに含まれている「速」という内容を引き出し、これを一層進展されたのです。インド大乗仏教にはじまる「易」と「速」との両者を継承されたのが中国の曇鸞大師（四七六―五四二）で、その著『往生論註』の上に、さらに別の角度から「易」に取りくみ、その中身に新しい内容をつけ加えられました。継いて「易」を全うせしめる根源的なはたらきをする阿弥陀仏の本願力を徹底的に深く掘りさげられたのが、中国は初唐の善導大師（六一三―六八一）であり、その著『観無量寿経疏』の上にくわしく述べられています。さらにわが国では、とくに恵心僧都源信が『往生要集』の第八念仏証拠門の冒頭に「易」の中身を、それを行ずる人とのかかわりにおいて具体的にお示しになりました。ともかく、このように法然上人によって徹底的にひろげられた「易」の内容が成立するに至るまでには、実に久しい年月を要し、各祖師方がそれぞれに意図されたところの内容を継承し、展開されたなみなみならぬご努力を読みとり、敬意と感謝の意をあらわさなければならないと存じます。

このような点で、み名をとなえることは、誰もが容易にできるという間口の広さを示しています。この「易」の内容についての『選択集』の原文は次のとおりです。

念仏は易《やす》きが故に一切に通ず。諸行は難《かた》きが故に諸機に通ぜず。しかれば則ち一切衆生をして、平等に往生せしめんがために難を捨て易を取りて、本願としたまうか。

（中略）

上の諸行（造像起塔、智慧高才、多聞多見、持戒持律）等をもって本願としたまわば、往生を得る者は少く、往生せざる者は多からん。しかれば則ち弥陀如来、法蔵比丘の昔、平等の慈悲を催されて、あまねく一切を摂せんがために、造像起塔等の諸行をもって本願としたまわず。ただ称名念仏の一行をもって、その本願としたまえるなり。

このように阿弥陀仏のお名号には、奥行の深さを示す「勝」と、誰もが実践できるという間口の広さを示す「易」という二点を、兼ね具えているのです。この名号観《みょうごう》は、法然上人の独自なお考えであり、『選擇集』第三章の私釈段に、くわしくお示しになっています。絶対の価値を持つものと、誰もが実践できるという双方が、一つにおさまっていることは、まことに稀なことであります。この至難なことが、お名号の上に具現しているところに、阿弥陀仏の本願の不思議を、くみとることができると存じます。だからこそ法然上人は「本願の念仏には、ひとりだちをさせて、助《すけ》ささぬなり」「諸人伝説の詞」――『黒谷上人語燈録』巻第十五）と仰せになっているのです。

私たちは、「勝」と「易」とを兼ね具えている阿弥陀仏というお名号の上に、「南無」という二字を冠して、「南無阿弥陀仏」とおとなえするのです。法然上人は、

南無阿弥陀仏といふは、別したる事には思べからず。阿弥陀ほとけ我をたすけ給へといふことばと、心えて、心にはあみだほとけ、たすけ給へとおもひて、口には南無阿弥陀仏と唱るを、三心具足の名号と申也。

と、『つねに仰られける御詞』のなかで、申されています。「南無」という二字には、「どうぞ、この私をお助け下さい」という、帰命《きみょう》の心がこめられているのであります。「どうぞ、この私を、お浄土にお迎え下さい」、「なにとぞ、この私を救い、お助け下さい」と、

全身全霊を投げだして、阿弥陀仏におすがりする心情が、「南無阿弥陀仏」という一声一声になってあらわれるのです。

2、称名する人が具えるべき用心

法然上人は常日ごろから、お念仏によって三昧発得された半金色《はんこんじき》の聖者、中国初唐の善導大師の宗教人格を敬慕され、傾倒されるとともに、その尊いご心境をふまえての浄土経典に対する奥深く・絶妙なご解釈を、指南と仰がれていました。つまり法然上人は、お念仏の大先達であり、しかもご自身がご自分のお師匠様と、しかと心にきめられた善導大師のお詞を、ご自分の信仰の糧、ささえとされていました。

その指南と仰がれた善導大師のお詞の一つとして、阿弥陀仏の第十八念仏往生の願文に対する妙釈があります。すなわち『往生礼讃』のなかにお示しになっている、

若我成仏十方衆生　称我名号下至十声　若不生者不取正覚。彼仏今現在世成仏　当知本誓重願不虚　衆生称念必得往生。

もし我れ成仏せんに十方の衆生、我が名号を称すること下十声《しもじゅっしょう》に至るまで、もし生ぜ

ずんば正覚をとらじと。かの仏、今現に世に在《まし》まして成仏《じょうぶつ》したまえり。まさに知るべし本誓の重願虚《むな》しからざることを。衆生称念すれば必ず往生を得と。」という。漢字四十八字からなっているご文相であります。法然上人はよくこのご文を用いられて、多くの人にお念仏の肝要を説き示されています。今ここにご紹介する『示或人詞』（『拾遺黒谷上人語燈録』巻中）のなかもこのご文を引用され、さらに続いて、このご文について、次に示すようなお考えというよりも、実感をお示しになっています。

この文をつねに口にもとなへ、心にもうかべ、眼にもあてゝ、弥陀の本願を決定成就して極楽世界を荘厳《しょうごん》したてゝ、御目を見まはして、わが名をとなふる人やあると御覧じ、御耳をかたぶけて、わが名を称するものや有ると、よるひる聞こしめさるゝ也。されば一称も、一念も、阿弥陀に知られまいらせずという事なし。されば摂取の光明は我が身を捨て給う事なく、臨終の来迎はむなしき事なき也。この文は四十八願の眼《まなこ》也。肝《きも》なり。神《こころ》也。四十八字にむすびたる事は、このゆへ也。

と仰せになっています。だからこそ、『黒田の聖人へつかはす御文』を「憑《たの》みても尚可レ憑は乃至十念の詞《ことば》、信じても尚可レ信は必得往生の文也」（西誉聖聡上人花押本）という一文によって結んでおられる程です。

このように仏になられた阿弥陀仏は、その昔、ご自身が菩薩の位に在られた時に、おたてになったところの「わが名をとなえよ。しからば一人漏れなく救いとる」という誓願、すなわち四十八の誓願のなかの第十八念仏往生の願どおり救い取らずにはいられないのご一心から、どこの、誰が、わが名をとなえているだろうかと、夜も昼も、視覚聴覚をフルにはたらかせて、「わが名を称するものや有る」と尋ねさがし、待ちわびられているのです。

この『示或人詞』のなかにお示し下さっているように、阿弥陀仏は、私のおとなえする南無阿弥陀仏とみ名を呼ぶ声を、今か、今かとお待ち下さっているのです。そういうわけですから、一声一声のお念仏に、お救いのみ手が、さしのべられていることは申すまでもありません。南無阿弥陀仏とおとなえするお念仏は、「わが名をとなえよ。しからば一人漏れなく救いとる」とまでお誓い下さった阿弥陀仏の本願、救わずにはいられないお慈悲のみ心をそのままに、素直に受けとり、頂戴しての南無阿弥陀仏の一声、一声なのです。

したがって、お救いにあずかることに対して、なに一つ疑いをさしはさむ余地など毛頭ないわけです。疑いをさしはさむ必要などさらさらないにも拘らず、なお疑うことは、さながら母親の心も知らずに、その膝の上からはみだそうとして、むつかる幼児の仕草に等しいというほかありません。このことをよくよく心得た上で申すお念仏こそ、「疑ひなく往生スルソト思とりテ申」すお念仏なのです。

法然上人はご自身のお念仏の経験をふまえられ、「源空は、すでに得たる心地にて念仏は申す也」(『つねに仰せられける御詞』――『法然上人行状絵図』巻第二十一)と述懐されています。この「すでに得たる心地」とは、さすが生涯をお念仏に生きられた法然上人だけあって、ご自身の「往生」を過去完了形において表現されています。まことに尊いことであり、この世に在《まし》ましながら「往生」を実感されていることに、私たちはあやかりたいばかりです。それに比べて、「往生スルソト思とりテ申」すお念仏は、将来必ず果たされる往生を、現時点においてさき取りしてお念仏するのです。そのお念仏がやがて法然上人のご心境のように、「すでに得たる心地」に深まってゆくのです。

ともかく私がおとなえするお念仏は、その一声一声を待ちわびたまう阿弥陀仏の本願のみ心にかよい、お慈悲のみ心に呼応しているのです。だからこそ、私のような至らぬ者が救われ、お浄土の人に生まれかわる道は、このお念仏の一行しかないわけです。

この辺の消息について法然上人は、

衆生称念といふ。われ豈《あに》その人にあらざらん。必得往生といへり。ひとりなんぞかの迎《むかえ》にもれん。(『法然上人行状絵図』巻第四十四)

と仰せになっています。願わくば、「本願むなしからず、称念せば必ず生るべし、と思うより外には、全く心にかゝる事なし」（『閑亭後世物語』巻上）という心境に達してこそ、「疑なく往生スルソト思とりテ申」すお念仏となるのです。ただひたすらに、口に南無阿弥陀仏とおとなえするお念仏ですが、このような起行の用心を必要とすることを忘れてはなりません。

このように、「往生スルソト思とりテ申」すお念仏は、南無阿弥陀仏と声にだしてお名号をおとなえする念仏です。お念仏はその漢字の示すとおり仏を念ずること、仏をおもうことです。そのように仏を念ずるお念仏が、どうして仏のみ名を声にだしておとなえすることになるのでしょうか。と首をかしげる方も多いことかと存じます。法然上人は『十二問答』の第六答のなかで、問者の禅勝房に対して、

それは口にとなふるも名号、心にて念ずるも名号なれば、いづれも往生の業とはなるべし。たゞし、仏の本願は称名の願なるがゆへに、声をたててとなふへき也。このゆへに経には令声不絶具足十念とときき、釈には称我名号下至十声との給へり。

と、阿弥陀仏の本願のみ心に立って、声であるべき旨をお示し下さっています。また法然上人は実際にお念仏を申す者の立場から「念声《ねんしょう》是一」ということを、『選擇集』は第三念

仏本願章の私釈段のなかであきらかにされています。

念仏という仏おもいの内容は、なんといっても「阿弥陀ほとけ、我をたすけ給へ」でなければなりません。このおすがりするおもいが心に充満いたしますと、自然発生的に口をついて南無阿弥陀仏と声になってあらわれてまいります。まことに自然のなりゆきという外ありません。秋も次第に深まって来ますと、いままで青一色であった柿の実の外皮は次第に色づいて、「さあ、もう熟しましたよ、いつでも食べられますよ」とばかり、本来の柿色に外皮を染めてまいります。それと同じように、阿弥陀仏におすがりしてお浄土に往生させて頂きたい、どうか、この私をお助け下さいという、やむにやまれぬおもいが内心に熟し始めますと、おのずから南無阿弥陀仏という称名の声が、あたかも湧き水のように、とめどもなく口をついて出るようになるのです。

そうした内容を内心に含んだ仏おもいの心が熟さない間は、南無阿弥陀仏と声にだそうといきっても、こと心ざしに反してなかなか声にだせないのです。しかしそのもどかしさ、つらさを打ち破り、つとめてとにもかくにも南無阿弥陀仏と声に出していますと、不思議なことに、おのずからおとなえする人の心に仏のおもいの心が次第に熟して来るのです。本当にありがたいことですね。玄米食を頂きはじめた頃は、白米に比べて見かけはよくなく、咀《か》むほどに顎《あご》がだるくなるなど、いろいろな障害をのりこえながら、一生懸命咀んでいますと、玄米特有の味の虜《とりこ》になってしまうのと同じです。

このように「念」には内なる心の内容を、おのずから外に向って声をとおしてあらわし、また「声」はそのくりかえしをとおして、内なる念の心を育てるのです。法然上人は『選擇集』第三章私釈段のなかで、「声即是念、念則是声」とご指摘になっています。「念」よりもさきに「声」をとりあげられているのは、「まず念仏申せ」(念仏為先)という法然上人の基本姿勢のあらわれであり、阿弥陀仏の本願のお心をそのままお示しになったからです。ともかく阿弥陀仏のお名号には「勝」と「易」の二義が具わっていますが、しかしこの名号をおとなえしなければ画餅に等しいわけです。ひたすら称名の一行をはげむ人の上に阿弥陀仏の本願の大慈悲がはたらき、所期の目的を達成させて頂くのです。

3、称名念仏の目的としての「往生」——原語学的理解をとおして——

お念仏をおとなえする上での心の意地について、法然上人のお示しをお伝えいたしましたが、続いて、では、お念仏はどういう目的のためにおとなえするのか、という肝心なことに触れてみようと思います。お念仏をおとなえする目的、いわゆる所求《しょぐ》は、「往生スルソト思とりテ申」す、と仰せになっているその〃往生〃こそ、お念仏を申す目的です。ところがどうでしょう。昨今この〃往生〃について、「大雪にて列車立往生」という新聞の見出しに接したり、あるいは日常の会話でも、「子ども連れで久しぶりに郊外に出たのはよかったのですが、小さいのが歩かなくて、背負ったり、抱いたりで、もう往生しました」という類の言葉を聞かされます。このように私たちの周辺では、困ったことを言いあらわす表現として、〃往生〃という仏教用語が生きているのです。これほど困った・迷惑なことはありません。なぜならば、このように本義を逸脱した用い方を平気でやってのける今日この頃ですから、したがって〃往生〃についてもまた、世の人の心から遠くはなれてしまって、かえりみられること誠に稀薄というほかありません。

現今の人は、豪華なマンションを買うとか、土地つきの一戸建の家を買ってバラの花を咲かせるとか、そういうところに望みを託し、それを実現することに生涯をかけているようです。昔の人の生活は、今日から考えると、着るもの・食べるものすべては粗末で、不便の多いことであったでしょうが、極楽に往生することに望みを託し、心を養っていたのです。つまりこの世から、あの世をとおして生き抜く心がまえを、常日ごろからもっていたのです。このすさまじい生きざまは、おのずから死の恐怖をのりこえ、生への執着に溺れず、無量寿《とわのみいのち》という生きどうしの生命を生きていたのです。それに比べますと、今の人の望みが、いかにみすぼらしく、あわれであるかに気づかされる次第です。

さらに、「死してのち、在るのか・ないのか実証できないような阿弥陀仏のお浄土に、〃往生〃するなど、とても考えられません。よし、お浄土が在るとしても、私たち若者にとって、〃往生〃はかかわりのないことです。老年という適齢期を迎えた頃、必要なこととして取りあげても決しておそくはないでしょう」というのが、世の人の考えのようです。〃往生〃は往生浄土といわれるように、お浄土をぬきにしてはなりたちません。またそのお浄土は、その主であられる阿弥陀仏をはなれてとらえられないのです。したがって、〃往生〃を考えるには、この仏とその土についても、しかと心得て置く必要があるわけです。ともかく現代人の心情や仏教に対する素養という現況のなかで、お念仏を申す目的、つまり〃往生〃について、その本義をお伝えすることは、大変むつかしいことでありますとともに、それだけにいっそう必要なことであるわけです。

法然上人をはじめとして、インド・中国・日本などの仏教者が、いのちがけでみ仏を、お浄土を欣求《ごんぐ》され、現身にみ仏とそのお浄土の実在を、さだかにされました。それにも拘らず、昨今の私たちは、この明明白白とした実在に対して、なぜ、不信感・不在感を懐くのでしょうか。この不信感・不在感は科学が発達し、科学思考を土台とした教育が普及したことに、その原因を見出す人があるかも知れません。しかし実際はそういうことに拘りないのです。なぜならば、科学以前の人であるならば、すべての人がおしなべて、不信感・不在感を持たなかったと、誰が言い切ることができましょうか。また昨今のような、高度に科学技術が発達した時代であっても、けっこう迷信に陥る人の多いことは、いったい、なにを物語っているのでしょうか。

阿弥陀仏やそのお浄土は、あたかも、人様の容姿を見たり、山河草木を見たりするような、視覚の対象とならないということです。人様のお顔や容姿の違いは、それを見比べるならば容易にわかることですが、それに対して、人様の心は目で見ることができません。目で見ることができないからといって、人様に心がないのではありません。テレビやラジオの電波もまた、人の目にとまることはありません。しかしながら、受信機を備えて電波の周波数さえあわせるならば、直ちに映像を見、音声を聞くことができます。そのように、阿弥陀仏とそのお浄土は、私たちが昼夜の別なく、日頃使っている世俗の周波数によっては、とうていとらえられないのです。それは聖と俗という周波数の相異に基づくことで、まさに理の当然という外ありません。阿弥陀仏とそのお浄土は、私たち人間に特有な周波数と相異した独自な周波数を具えています。従ってその周波数にあわせることのできる人だけに、阿弥陀仏とそのお浄土は実在するのです。

私たちは生まれつき具わっている煩悩（貪《むさぼ》り・いかり腹だち・道理にくらい）という人間の性《さが》や、思慮し分別するといった尺度で、計量することができないのが阿弥陀仏であり、お浄土ですから、いきおい、この世俗の周波数・人間の性《さが》や尺度を放棄しない限り、その実在に接し、触れることはできないわけです。

法然上人には、

さへられぬ　ひかりのあるを　おしなへて
　へたてかほなる　あさかすみかな

という「春」と題する和歌が遺されています。その内容は次のようであります。

春の朝、太陽が次第に東天にのぼって、そのひかりは山も谷も野原も、村も町も大都会も、あらゆる差別をのりこえて、それらを一律平等に照しだしています。しかるに一帯に霞が深くたちこめ、なにものをもってしても、さえぎることのできないひかりを、さえぎり・隔てようとしています。

つまり、明明白白な阿弥陀仏の摂取不捨《おすくい》の光明を、隔て・さえぎっているのは、ほかならぬ私の身と心とに巣づくっている煩悩という人間の性《さが》です。しかるに、煩悩によって隔て・さえぎっているその私を、阿弥陀仏の摂取不捨《おすくい》の光明は、そのひかりのなかに摂尽と、おさめとっているのです。

このような意味を持つのが、「春」と題する上人の和歌であります。そういうわけですから、阿弥陀仏とそのお浄土の実在について、不信感・不在感を懐いた私自身を、まず恥じなければなりません。お風呂にはいる時には、身にまとっている衣服や肌着のすべてを脱いで、まる裸になってお湯のなかにつかるように、不信感・不在感を打ち捨てる必要があります。とは申しましても、打ち捨てることは容易でありませんが、打ち捨てなければならないと力むのではなく、阿弥陀仏におすがりして南無阿弥陀仏とみ名をお称えするその一声一声ごとに、おのずから打ち消されてゆくのです。まことに有難いことであり、摩訶不思議なことです。

さて、往生とは正確にいって、どのような内容を持つ仏教用語でしょうか。浄土宗いな、わが国における梵語学の泰斗であった荻原雲来博士（一八六九―一九三七）は、笹本戒浄上人（一八七四―一九三七）というお念仏の先達の往生に関する質問に答えて、言語的な説明

を書簡の上に示されています。今ここにその解答を転載いたしたいと思います。まず「往生」の原語について、

お尋ねの「往生」の梵語は pratyājāyate（三人称単数、現在直接法）と申します。jan（生まれる）という語根（root）に字縁の ā を加え ā-jan にて、又単に「生まる」という義に用いらる。āは「近く」「方に」の義ある接頭辞に候。これに更に prati（対して、復たび等）という接頭辞を加え、prati-ā-jan が連声法の規定により pratyājan となり、「復たび生まる」「生まれかわる」という義となる。この pratyājan の三人称・単数・現在・直接法が則ち pratyājāyate なり。さればこの語は正しくは「転生」とか、「再生」と訳するのが至当に候。

と申されているように、往生の原語は pratyājāyate《プラテイヤージャーヤテイ》 であり、転生あるいは再生という意味を持つ語であります。荻原博士はさらに、

併し先賢が往生と訳したる意味を考えるに「往」は、移転の義に非ずして、状態の転変をいうものと見るべきが如し。則ち現在の状態が転変して、他の生の状態となるをもって、これを往生と解すべきが如し。

極楽国土を立つる経文にありては、pratyājāyate が往生と訳されて、これが彼の国

に往き生まるという義に取らるるも不当に非ざれども、極楽国土を立てざる其他他方国土経文にありても、この語あり。例せば波利《パーリ》(語)にてこれを paccājāyati に作り、波利の中阿含・相応阿含中に散見せり。これらの典拠より見れば、往生は彼の国に往き生まるる義に非して、単に現生を捨てて来生を受くという義と解すべし。(『荻原雲来文集』)

というように、往生について「現在の生の状態が転変して、他の生の状態となる」「彼の国に往き生まる」「現生を捨てて来生を受く」という三通りの理解を示されています。

「かまくらの二位の禅尼(源頼朝の妻、政子)の請によて、しるし進ぜらるゝ書也」という由緒書を持つ『浄土宗略抄』という和語によって法然上人が綴られたご遺文のなかに、浄土門の目的とするところを端的に、

このたひ生死をはなるゝみち、浄土にむまるゝにすぎたるはなし。浄土にむまるゝをこなひ、念仏にすぎたるはなし。(中略)浄土門といは、この娑婆世界をいとひすてゝ、いそきて極楽にむまるゝ也。(『黒谷上人語燈録』巻第十二)

と綴っておられます。浄土門の目的は聖道門と同じく、生と死との煩いをこえる教行ですが、聖道門と異なって、極楽すなわち阿弥陀仏のお浄土に往生することによって、その目

的を果すのです。「この娑婆世界をいとひすてゝ、いそきて極楽にむまるゝ也」という往生の定義は、まさしく荻原博士が示された往生に関する第二義、すなわち「彼国に往き生まれる」を指しています。「この娑婆世界をいとひすてゝ、いそきて極楽にむまる」という往生を、死後のことであると受けとるならば、荻原博士の示された第三義を指すことになります。近ごろの人は、往生をこの第三義の内容として受け取っているようです。たとえば、第三義の示すように往生を「現生を捨てて来生を受く」ると理解するならば、現生を生きた私と来生を生きる私の中味が同じで、少しの相異もないのですから、目出度くはありません。なぜならば、私が今現に生きている状態はむさぼりに溺れ、怒り腹だちにわが身を焼き、道理に暗いために躓《つまず》き、転びながら、しかも生への執着・死に対する恐怖におののきながら、いな、そうした不安にわざと蓋《ふた》をして、その日その日を送っているのです。このような現生の状態と同じ状態が、来生においても継続するのであれば、再び来生において、現生において思い煩った煩いを経験しなければならないからです。

ともかく、そのような現生の状態にある私が、阿弥陀仏のお浄土に往生すれば、すべての煩いがなくなってこそ目出度いのであり、それでこそ往生し得た甲斐があるわけです。荻原博士が示された第一義の「生まれかわる」という中味をぬきにして、往生を理解する

ことは誤りであるといわなければなりません。そういった中味に重点を置くならば、

いけらば念仏の功つもり、しなば浄土へまいりなん。とてもかくても此身には、思ひわづらふ事ぞなきと思ぬれば、死生ともにわづらひなし。（『法然上人行状絵図』巻第二十二）

という法然上人の『つねに仰せられける御詞』は、死後のことでなく、すでに現生において「生まれかわる」ことをなしとげられた述懐です。

三　念仏者の上におのずから具わるもの

但三心四修と申事の候ハ　皆決定して南無阿弥陀仏にて往生スルソト思フ内ニ籠リ候也

しかしながら、お念仏をおとなえする人が心に具えるべき心の持ち方としての至誠心・深心・廻向発願心の三心や、念仏行者に具えるべき態度としての恭敬・無余・無間・長時の四修は、ひたすらに南無阿弥陀仏とみ名をおとなえすれば間違いなく往生させて頂くと心に定《き》めてお念仏を申す人の上に、おのずから具《そな》わるのであります。

『一枚起請文』の第二段に示されている法然上人が主唱されるところの、「疑なく往生スルソト思とりテ申」すお念仏の一行に励む人の上に、不求自得《ふぐじとく》といって、求めずして自然に、往生極楽を実現するに必要な、「こころつかひのありさま」(『浄土宗略抄』――『黒谷上人語燈録』巻第十二)としての三心《さんじん》と、お念仏を申す人の態度としての四修《ししゅ》が具わってくる、とお示し下さっているのが、第三段の内容です。

この三十八文字からなる第三段のご文相の後半、すなわち「皆決定して南無阿弥陀仏にて往生スルゾト思」いこんで、お念仏一筋に励むという内容は、さきの第二段にお示し下さっている「たゝ往生極楽のためニハ　南無阿弥陀仏と申て　疑なく往生スルゾト思とリテ申」す以外のなにものでもありません。つまり同じ内容なのです。したがって、往生極楽を自分自身の上に実現しようとする人に必要な「こころつかひのありさま」や念仏申す人が具えなければならない態度は、かりにそれらの内容の一一を、あらかじめ心得ていなくても、「疑なく往生スルゾト思とリテ」お念仏の一行に励んでいれば、いつとはなく、誰の上にも、おのずから具わってくるのです。

1、念仏者の心づかいのありさま

さて、いうところの三心とか、四修とかいう用語は、どういう内容を持っているのでしょうか。まず前者の三心について法然上人は、『大胡太郎実秀へつかはす御返事』（『黒谷上人語燈録』巻第十三）のなかに、

三心と申は、観無量寿経にとかれて候やうは、もし衆生ありて、かのくににむまれん

とねがはんものは、三種の心をこして、すなはち往生すべし。何等をか三とする。一には至誠心《しじょうしん》、二深心《じんしん》、三には廻向発願心《えこうほつがんしん》也。この三心を具するものは、かならずかのくにゝむまるととかれたり。

と、お示し下さっています。

この三心は、浄土宗の教えのよりどころであります浄土三部経のなかの、『観無量寿経』（劉宋代畺良耶舎《きょうりょうやしゃ》訳）のなかに説かれていますが、三種の心についての名称、つまり名目《みょうもく》だけしか示されていませんので、その中身・内容を知ることができません。しかるに法然上人が「偏依《へんね》善導一師」と敬慕し、師匠と仰ぎ、そのご指南をお受けになった善導大師は、三心の一一についてくわしいお示しを遺しておられますので、それに基づきながら三心の一一についてあらましを述べたいと思います。

まず、第一心の至誠心《しじょうしん》について、法然上人はさきに示した『大胡太郎実秀へつかはす御返事』の続きの文に、

善導和尚の御心によらば、はじめに至誠心といふは、真実の心也。真実といふは、内《うち》はむなしくて、外《ほか》をかざる心なきを申也。すなはち観経疏に釈していはく、外には賢善精進《しょうじん》の相を現じ、内には虚仮《こけ》をいたく事をえされといへり。

この釈の心は、内はをろかにして、外にはかしこき人とおもはれんとふるまひ、内には悪をつくり、外には善人のよしをしめし、内には懈怠《けだい》の心を懐きて、外には精進の相を現ずるを、真実ならぬ心とは申也。外も内もありのまゝにてかざる心なきを、至誠心となづくるにてこそ候めれ。

と仰せになっています。

私たちの日常生活の営みにあっては、ともすれば心にもないことを身の上に振舞ったり、言葉にしたりすることが多いのです。この状態は内心と外相とが一つになってない、いわゆる内外不相応という、分裂症状と言うほかありません。

このような内外不相応という症状に対して、内外相応と規定される真実心・至誠心は、「この心はうき世にそむきて、ま事のみちにおもむくと、おぼしき人々の中に、よく〳〵用意すべき心ばへにて候也」（『御消息』――『黒谷上人語燈録』巻第十三）と、法然上人が仰せになっているように、まさしく出世間の心、具体的に申すならず、「ふたゝび生死の三界に返らじとおもひ、心のうちに浄土にむまれんとおも」（『念仏往生義』――『拾遺黒谷上人語燈録』巻下）う心の上に具えるべき・具わることを肝に銘じたいと思います。この内外相応した真実心、至誠心に基づいた日常生活を送ることができますならば、どれだけすばらしいことでしょうか。

この内心と外相の相応と不相応とが、私の上にどのようになっているかを、反省してみたいと思います。

一には外をかざりて　内にはむなしき人

二には外をもかざらず　内もむなしき人

三には外はむなしく見えて　内にまことある人

四には外にもまことをあらはし　内にもまことある人

かくのごときの四人の中には、前の二人をばともに虚仮の行者といふべし。後の二人をばともに真実の行者といふべし。

とは、法然上人が『往生大要抄』（『黒谷上人語燈録』巻第十二）の上に、お示し下さった内外相応・不相応についての四句分別であります。

この四句分別こそ私の心を写す鏡であると受け取って、自分はこの四つのなかのどれにあたるかを顧みることができます。私の心の状態が四句分別中の一や二でないことを願いたい次第です。

たとえ一や二であったとしても決して、くよくよと卑下してはなりません。そのように気づいたということは、ありのままの状態を見るだけの眼が開かれたのです。今まで蓋をして凝視しようとさえしなかった、自分のありのままの状態に気づかれたのですから、これからさきは、外相をかざりたてて、いかにも真実心の持ち主らしく振舞ったその努力を、内心を真実の心で満たすように努力しなければなりません。それでこそ、内外不相応という自分のありのままの状態に気づかされた甲斐があることになるのです。

法然上人はこの辺の消息について『選擇本願念仏集』第八章三心篇の私釈段のなかに、「もしそれ、外を翻《ひるがえ》して内に蓄《たくわ》えば、まことに出要に備うべし。（中略）もしそれ、内を翻して外に播《ほどこ》さば、また出要に足るべし」と仰せになっています。

つまり、外見はいかにも賢そうにみせかけているが内心はいたって愚かであり、外見はいかにも善人を装っているが内心は悪人であったり、外見はいかにもつとめ励んでいるようであるが内心はいたって怠けに満ちているということです。このような内外不相応の場合は、法然上人の仰せにしたがって、「外を翻して内を蓄え」るよう努めなければなりません。つまり、外相にあらわし出していた賢善精進を翻し・裏返しにして、賢善精進を内心に積み蓄え、樹立するのです。また、内心は虚仮でありながらも、外にはいかにも真実を装う場合は、「内を翻じて外に播す」必要があります。内心の虚仮を翻し、外相の真実に合致するようにすればよいのであります。

ともかく、外相の賢善精進を翻して内心に注入し、また内心の虚仮・懈怠を汲み出し、放ち散らして、外相の真実・精進にあわせる、という工夫を凝らしたいと思います。

至誠心の定義・概念を心得ることも大切でありますが、法然上人が『念仏往生義』のなかに、

至誠心といは、真実の心なり。往生をねがひ念仏を修せんにも、心のそこよりおもひたちて行ずるを、至誠心といふ。

と仰せになっているとおり、「心のそこよりおもひたちて行ずる」お念仏の一声一声に、至誠心はおのずと具わるのです。

三心の第二番目は深心《じんしん》です。法然上人はこの深心について、善導大師のご指南に基づいて、

深心といふは、善導釈し給ひていはく、これに二種あり。一には、決定《けつじょう》してわが身は、これ煩悩を具せる罪悪生死の凡夫也。善根はすくなくして、曠劫《こうごう》よりこのかた、つねに三界に流転して出離の縁なしと信ずべし。二には、かの阿弥陀佛四十八願をもて、衆生を摂取し給ふに、すなはち名号を称する事、下十声一声にいたるまで、かの願力

に乗じて、さだめて往生する事をうと信じて、乃至一念もうたがふ心なきがゆへに、深心と名づく。（『御消息』――『拾遺黒谷上人語燈録』巻下）

と、仰せになっています。つまり「深心といふは、すなはちこれ深く信ずる心也」（『大胡太郎へつかはす御返事』――『黒谷上人語燈録』巻第十三）と仰せになっているように、深心は深く信ずる心のことであり、さらにそれには、「はじめにわが身の程を信じて、のちにほとけのちかひを信ずる也」（『浄土宗略抄』――『黒谷上人語燈録』巻第十二）とご指摘下さっているように、二種の深信があるのです。

世間では、「身のほど、知らず」ということを申します。それは、その人が属する一定の社会における地位をわきまえず、上下などの序列を無視した発言や、行動をした時に使われる言葉です。ここにいう「わが身の程」は、そういった身分・分際と意味内容の上に相違があります。少なくとも、ひとりの人間、赤裸々な人間の内容に立った上で、私自身は、「煩悩を具せる」もの、「罪悪生死の凡夫」、「出離の縁なき」ものと規定されるのです。

このなかの、第一の「煩悩を具せる」ものと申しますのは、むさぼり（貪欲《とんよく》）、怒り腹だち（瞋恚《しんに》）、道理にくらい（愚癡《ぐち》）という三つの心のはたらきを具えている私ということです。これらの三つは三大煩悩といって、数えきれない煩悩の代表なのです。この世に生を享けた人が、性・年齢・職業の差別をこえて、おしなべて一律平等に具えている精神作用でありますから、人間の性《さが》と申しても間違いありません。このような煩悩は、教育によって育てられるのではありません。外からの刺激を受けて、それに対応して活動するはたらきです。自分自身もふくめてすべての人を汚染するという害毒の根源なのです。

第二の「罪悪生死の凡夫」というのは、煩悩のはたらきを自覚すると、自覚しないとに拘らず、むさぼりに溺れ、怒り腹だちの炎に焼かれ、道理にくらいばかりに躓《つまず》いたり、ころんだりして、自分の身と心はもちろん、他人様をも汚染のなかに巻きこんでいる、そういう人間が私であるということです。この汚染の実態を罪悪と呼ぶのです。したがって法律や道徳にふれるような行いをしていなくても、煩悩の命ずるままに行った行為は、おのずから罪悪を造っているわけです。さらに「生死の凡夫」と申しますのは、生と死とにおもい煩うただ人を指しています。

第三の「出離の縁なき」ものとは、生と死とにおもい煩うばかりで、生と死とに対する執着をやぶり、こえることのない私、否、執着をやぶること・こえることとすら知らず・気づかないままに、生き死に流されている私といってよいでしょう。これら「わが身の程」についての三つの表現は、たがいにからみあっていますから、一つ一つ関係のない別個の内容であるとは申すことができません。

誰もが煩悩という、私にとって本来のものではない、言わば外来者の命ずるままに行動して、溺れたり、焼かれたり、躓きころびながら、その日その日を過ごしているのが、大多数の人の実態です。しかし、実際はこのことについて、さほどまでに気づいていないのです。だからこそ、私は罪悪を犯したことなどありません、と胸を張り、限りある人生だから太く短く、たのしく暮らせばよいというところに落ち着くわけです。ところが、煩悩を具えた罪悪生死の凡夫であり、なおかつ、出離の縁のない私というように、「わが身のほど」に気づくのは、念仏者は常に阿弥陀仏に向きあい、対面しているわけですから、その光明に照らし出された、実にみにくい、恥ずかしい自分であることに気づかされるのです。月の光が強ければ強いほど、私の影は濃くうつしだされるのと同じです。

この「わが身のほどを信ずる」ということを、専門用語で「信機」と申しています。いうところの信機は、お念仏をとおして始めて、すべての思慮・分別をこえて、からだ全体をとおして、そのようなみにくい・恥ずかしい自分であると感じ、気づかされるのです。そういうわけですが、信機について素質・能力のない者、あるいは薄弱な者のことである、という説明を耳にすることがありますけれども、決してそうではありません。もし、そうだといたしますと、「人を馬鹿にするのも、いい加減にせよ。私はそのような能なしではない」とお叱りを頂戴することになります。そのような説明にまどわされないよう、ご注意いただきたく存じます。

さて、信機に対して、もう一つの深く信ぜよ、とお教えいただいているのは、さきの信機に対して「信法」と言い、阿弥陀仏の救済のみ心・そのみ力を素直に信ずることです。私のような煩悩にふりまわされ、罪悪の数かずを積みかさねながらも、なお生きることのみに執着していた者が、南無阿弥陀仏とみ名をおとなえする、その一声一声に対して、救いのみ手をさしのべ、仏の子として生まれかわるようにお育て・お護り下さる「弥陀の本願不可思議」(『念仏大意』――『黒谷上人語燈録』巻第十二)を、文字どおりあさはかな私の思慮・分別をかなぐり捨てて、阿弥陀仏、どうぞ、この私をお助け下さい、お救い下さい、よきようにお育て・お護り下さい、と心の底から南無するのが、信法の真のすがたです。

しかし思慮・分別を打ち捨てると申しましても、長年にわたって思慮・分別することを習い、それに慣された悲しさ、打ち捨てたつもりでも、いつしか自然に思慮・分別がはたらくのです。自分がとなえるお念仏で、私のような者は、はたして救われるのだろうかと、勝手に一方的に考え、おもい悩むことすらあるのです。それらはすべて私のあさはかな考え、思慮・分別に外ありません。

この信機と信法を「二種の深信」と申していますが、それについて、法然上人は次のようなご懇篤な説明をお示し下さっています。

のちの信心（信法を指す）のために、はじめの信（信機を指す）をばあぐる也。そのゆへは、往生をねがはんもろもろの人、弥陀の本願の念佛を申しながら、わが身貪欲瞋恚の煩悩をもをこし、十悪破戒の罪悪をもつくるにをそれて、みだりにわが身をかろしめて、かへりてほとけの本願をうたがふ。善導はかねてこのうたがひをかかみて、二つの信心のやうをあげて、われらがごとき煩悩をもをこし、罪悪もつくる凡夫なりとも、ふかく、弥陀の本願をあふぎて念仏すれば、十声一声にいたるまで、決定して往生するむねを釈し給う。（『浄土宗略抄』）

と仰せになっているように、煩悩の濃い薄い、罪悪の軽重のいかんを問うことなく、お念仏を申す人のすべてを漏れなくお救い下さるのが、阿弥陀仏の本願のみ心であるのに、わが身の煩悩・罪悪にとらわれ過ぎたのでは、せっかくの本願のみ心を疑うことになり、往生をとりにがすことになると、誡められています。法然上人はさらに続いて、

まことに、はじめのわが身を信ずる様を釈し給はざりせば、われらが心ばへのありさ

までは、いかに念佛申すとも、かのほとけの本願にかなひがたく、いま一念十念に往生するといふは、煩悩をもをこさず、つみをもつくらぬめでたき人にてこそあらめ。われらがごときのともがらにては、よもあらじなんと、身の程思ひしられて、往生もたのみがたきまで、あやうくおぼへなましに、この二つの信心を釈し給ひたる事は、いみじく身にしみておもふべき也。

この釈を心えわけぬ人は、みなわが心のわろければ、往生はかなはじなんとこそは申あひたれ。そのうたがひをなすは、やがて往生せぬ心ばへ也。このむねを意えて、ながくうたがふ心あるまじき也。

と、ことこまかく懇切に、履き違えのないようにとおさとし下さっています。ありがたく拝読させていただくばかりです。

ともあれ深心は、お救いを懇願する私が、それにこたえて、わが名をとなえるすべての念仏者を漏れなくお救い下さることを根本願望とされる阿弥陀仏に対して、終始一貫して持ち続けるべき心の据えどころが深心なのです。法然上人は『七箇条の起請文』のなかに、

深心といふは、ふかく念仏を信ずる心なり。ふかく念仏を信ずるといふは、余行なく一向に念仏になる也。（中略）四十八願は称名の一行を本願とすと心えて、ふた心な

く念仏するを、深心具足といふなり。（『黒谷上人語燈録』巻第十二）

とお示し下さっている点をありがたく頂戴し、お念仏にはげんで深心を私の心の上に確立いたしたいと存じます。

三心の第三番目は、廻《え》向発願心《こうほつがんしん》であります。法然上人はこの心について、『要義問答』のなかで、

廻向発願心といふは、一切の善根ことごとくみな廻向して、往生極楽のためとす。決定真実の心のうちに廻向してむまるるおもひをなすなり。（『黒谷上人語燈録』巻第十三）

と仰せになっています。

廻向とはめぐらし、さしむけると書かれてありますが、お念仏を申す人は、ひとえに往生浄土を所求《しょぐ》といたしますから、当然のこと自分の行った善を、あるいは自分や人様の行った善を、自分の往生浄土のために廻向するのです。また発願も同様、お念仏を申す人にとっては阿弥陀仏の在ます極楽に往生を願うほかないのです。

法然上人のお詞のなかに、「一切の善根をことごとくみな廻向して、往生極楽のためとす」（『要義問答』）と仰せられていますが、なぜ廻向ということが必要なのでありましょうか。

自分が身と口と心の三方面をとおして行った善い行い、たとえば、それには人様に座席をゆずったとか、病院や福祉施設を訪ねて慰問したとか、教育関係事業に浄財を喜捨した（世俗的な善＝世福）とか、あるいは戒を授かったとか、お祖師様や両親のご命日には、三食とも精進料理をいただくとか（戒を持《たも》つ善＝戒福）、さらに月に一回は必ず読経・礼讃・念仏を行う（宗教行為を行う善＝行福）というように、その内容はまことに種々雑多であります。なぜ、このように種々雑多であるかと申しますと、それぞれ異なった目的を実現するために行われた行いであるからです。言い換えますならば、それら雑多な行いの大半は、往生浄土を目的とする行いではありません。そのように、往生浄土を目的とする行いではありませんけれども、雑多な善い行いにも、勝れた結果をまねく功能《くのう》・能力としての徳を具えているのです。この功徳を自分が往生浄土するための因となるようにするには、ぜひとも廻向を必要とするのです。つまり種々雑多な善い行いに具わっている功徳に、往生浄土のためにという一定の方向を与え、それぞれ異なった果報に向かう功徳を方向転換さすことによって、往生浄土というすばらしい勝れた結果を招くようにするのが廻向なのであります。

法然上人は『御消息』のなかに、

一切の善根をみな極楽に廻向すべしと申せばとて、念仏に帰して、一向に念仏申さん人の、ことさらに余の功徳をつくりあつめて、廻向せよとには候はず。ただすぎぬるかたにつくりをきたらん功徳をも、もし又こののちなりとも、をのづから便宜《べんぎ》にしたがひて、念仏のほかの善を修する事あらんをも、しかしながら往生の業に廻向すべしと申す事にて候也。（『拾遺黒谷上人語燈録』巻下）

と仰せになっています。『観無量寿経』には、浄土に往生を願う者は、廻向発願心などの三心を必ず具足せよ、と定められているのに拘らず、法然上人はなぜ、お念仏を申す人は、「ことさらに」わざと念仏以外の善根を行って、その功徳を往生浄土のために廻向する必要がない、とご指摘になっているのでしょうか。

まず第一に、私たちが阿弥陀仏のお浄土に往生する方法は、ただひたすら南無阿弥陀仏とみ名をおとなえする以外に、なにもないというのが法然上人の基本姿勢であります。この法然上人の基本姿勢は当然のこと阿弥陀仏の本願のみ心に基づいておられるのです。すなわち、阿弥陀仏は「わが名をとなえる者を、すべて漏れなく、浄土に迎えとる」ということを根本願望とされています。その本願のみ心をご自身の心とされているのが、宗祖法然上人です。したがって、お念仏をとなえることは、この阿弥陀仏の本願のみ心に呼応することですから、お浄土に往生すること必定です。しかるにお念仏以外の行は阿弥陀仏の本願の行ではありませんから、それをいくら行っても、阿弥陀仏との間に、呼応関係は成立いたしません。だから、いくら行じても往生必定ではないのです。ですから、お念仏と並行して念仏以外の行を行じたり、お念仏をいい加減にしておいて、お念仏以外の行を行ずる必要は、さらさらないわけです。とは申しましても、私たちの日常生活は目的的に生活していましても、その目的と離れたことに関わらずにはおられないのが、現状です。そういった点に留意しますならば、法然上人がご指摘になっているように、すでに過去に行った善根功徳、さらには、「こののちなりとも、おのずからたよりにしたがひて僧をも供養し、人に物をもほどこしあたへたらんをも、つくらんにしたがひて、みな往生のために廻向すべし」(『浄土宗略抄』――『黒谷上人語燈録』巻第二)と仰せになっているように、廻向の必要は随時・随所におこるのです。決して不必要というのではなく、本末顛倒しないようにしなさい、というのが法然上人のみ心なのです。

今一つ大事なことは、一口に廻向すると申しましても、いうところの方向転換が、どこで行われるかについて、わきまえておく必要があります。

善導大師は廻向発願心を解釈なされるなかに、

修する所の善根を、ことごとく皆、真実深信の心の中に廻向して、かの国に生まれんと願うなり。（『観無量寿経疏』第四散善義）

と、この問いに解答をおよせ下さっています。いうところの「真実深信」とは、三心の第一心である至誠心と第二心である深心とを指しています。つまり廻向は、真実の心と深信の心とを具えた人でなければできないということです。しかもこの「真実深信の心」は、お念仏を申す人の心におのずから具わるのです。したがって、お念仏以外の善根功徳を廻向すれば、往生浄土間違いなしと、安易に思いこんではなりません。往生浄土が必定であるお念仏と、お念仏以外の行とは、こと往生浄土に関しては質的な相異、雲泥の差のあることを、わきまえておきたいと思います。

法然上人はその主著『選択本願念仏集《せんちゃくほんがんねんぶつしゅう》』の第二正雑《しょうぞう》二行章のなかで、

正助二行を修する者は、たとい別に廻向を用いざれども、自然に往生の業《ごう》を成《じょう》ず。故に疏の上の文にいわく、今この観経の中の十声称仏は即ち十願十行ありて具足す。いかんが具足する。南無というのは即ちこれ帰命、また発願廻向の義なり。阿弥陀仏というは即ちこれその行なり。この義をもっての故に必ず往生することを得る。

とご指摘になっています。その主旨は南無阿弥陀仏、つまり、正定業《しょうじょうごう》であるお念仏と読誦・観察・礼拝・讃歎供養の助業、すなわち五種の正行に限っては特別に廻向をしないでも、おのずから往生浄土の因となるとの言明です。「あみだ仏において親しき行」と規定される五種正行と、それ以外の行との相異をまざまざと知らされる思いがいたします。法然上人はこの「不廻向義」について、その典拠を『観無量寿経疏』巻第一玄義分に示される善導大師の妙釈の上に求められています。大師の妙釈によりますと、南無阿弥陀仏の「南無」の二字に帰命《きみょう》と発願廻向の二義が具わっている、とご指摘下さっています。最初の「帰命」とは、私たちが信仰の対象であります阿弥陀仏に、身命を投げ出して、どうぞこの私をお救い下さいと、み心のままにしたがうという心的内容を含んでいます。また「発願廻向」の発願は、阿弥陀仏のお浄土に往生したいという願いをおこすことです。さらに廻向はその往生浄土のためにおとなえしたお念仏の善根功徳を、その実現のためにふりむけることです。次にこの「南無」に続く「阿弥陀仏」の四字は、お念仏を申す私が「阿弥陀仏」とみ仏のみ名をとなえ、呼びたてまつることです。「阿弥陀仏というのは即ちこれその行なり」という大師の妙釈に示される「行」は、私たちが六字の名字をおとなえする、その行を指しています。したがって、私たちがお浄土へ往生したいという願いに応じて、お救い下さる阿弥陀仏ご自身に具わる救済のはたらきを指すのでは決してありません。この点についてはさだかに心得ておかねばなりません。この「不廻向義」をまとめて申しますと、南無阿弥陀仏とおとなえするお念仏には廻向の意味がふくまれていますから、敢えて廻向する必要がないというのです。

法然上人のおことばをとおして、「三心」の一一の内容を拝受頂戴してまいりましたが、法然上人は三心を総括して「詮ずるところ、真実の心をおこして、ふかく本願を信じて、往生を願ふ心を、三心具足の心とは申也」(『大胡太郎へつかはす御返事』――『黒谷上人語燈録』巻第三)とも、「詮ずるところは、ただ一向専念といへる事あり。一すぢに弥陀をたのみ念仏を修して、余の事をまじへざる也」(『念仏往生義』――『拾遺黒谷上人語燈録』巻下)とも仰せになっています。

さて、三心が自分の心に具わっているか、否かについて、見極める方法はないのでしょうか。見極めることは試験の答案と同じで、自分では及第点があると思いこんでいても、案外落第点であるかも知れませんから、大変大事なことであります。法然上人は禅勝房というお弟子に対して、次のようなことを仰せになっています。

上人おほせられていはく。今度の生《しょう》に念仏して来迎《らいこう》にあづからんうれしさよとおもひて、踊躍《ゆやく》歓喜の心のをこりたらん人は、自然《じねん》に三心は具足したりとしるべし。念仏申ながら後世をなげく程の人は、三心不具の人也。もし歓喜の心いまだをこらずば、漸漸によろこびならふべし。(「諸人伝説の詞」——『黒谷上人語燈録』巻第十五)

この法然上人のおことばを拝読して、自分自身をかえりみますれば、おのずから自分に三心が具わっているか、否か判断できるでしょう。三心を具足すれば往生できると申しますが、その往生の得否についても法然上人は、

往生の得否は、わが心にうらなへ。その占《うらない》の様は、念仏だにもひまなく申されば、往生は決定としれ。(「諸人伝説の詞」——『黒谷上人語燈録』巻第十五)

と仰せになっています。「念仏だにもひまなく申」すとは、お念仏が相続されるということですし、相続できるということは三心を具足しているということです。法然上人の仰せのように、機会あるごとに「占をしてわが心をはげます」ようにいたしたいと存じます。ところで「わが心には三心具したりとおぼえば、心づよくもおぼえ、又具せずとおぼえば、心をもはげまして、かまへて具せんとおもひしり候はんは、よくこそは候ひぬべければ、心のをよぶ程は申候にて候」(『御消息』——『拾遺黒谷上人語燈録』巻下)と法然上人が仰せになっているので、具せざる場合は、特に心のおよぶ限り励んでお念仏申す外ないのです。

2、念仏者の具えるべき態度

この第三段には、三心のほかに、さらに四修《ししゅ》という名目《みょうもく》が記されています。三心は、南無阿弥陀仏とみ名をとなえ、往生浄土を願う人の「こころつかひのありさま」ですが、これに対して四修は、そのような念仏者のあるべき振舞い、態度、用心など、いわゆる念仏生活の規範です。

浄土宗の宗学では三心のことを安心《あんじん》、「ただ一向に念仏すべし」といわれる称名念仏のことを起行《きぎょう》、四修のことを作業《さごう》と申しています。さらに、つね平生《へいぜい》に申すお念仏のことを尋常行儀《じんじょうぎょうぎ》、心行を策励するために期間を定め、道場を選んで申すお念仏を別時《べつじ》行儀《ぎょうぎ》、命《みょう》終《じゅう》のときに申すお念仏を臨終行儀《りんじゅうぎょうぎ》と申しますが、この三つの行儀を総称して三種行儀と名づけています。これら安心・起行・作業・行儀という四つの名目を、心行業儀というように略称することがあります。

さて、四修とは恭敬修《くぎょうしゅ》・無余修《むよしゅ》・無間修《むけんじゅ》・長時修《じょうじしゅ》という名称で呼ばれる四種を指すのです。法然上人はその主著『選擇本願念仏集』の第九章の冒頭に、善導大師の『往生礼讃』

前序のご文と、『西方要決』のご文によって、四修の内容をお示し下さっています。

善導の往生礼讃にいわく、又勧めて四修の法を行ぜしむ。なにものをか四とす。

一には恭敬修　いわゆる彼の仏、および一切の聖衆《しょうじゅ》等を恭敬礼拝す。故に恭敬修と名づく。畢命《ひつみょう》を期《ご》となして、誓って中止せざる、すなわちこれ長時修なり。

二には無余修　いわゆる専ら彼の仏名を称し、彼の仏および一切の聖衆等を専念、専想、専礼、専讃して余業《よごう》を雑《まじ》えず、故に無余修と名づく。畢命を期として、誓って中止せざる、すなわちこれ長時修なり。

三には無間修　いわゆる相続して恭敬礼拝し、称名讃歎し、憶念観察し、廻向発願し、心心に相続して、余業をもって来《きた》し間《へだて》ず、故に無間修と名づく。

また貪瞋煩悩《とんじんぼんのう》をもって来《きた》し間《へだて》ず。随犯随懺《ずいぼんずいさん》して念を隔て、時を隔て、日を隔てしめず、常に清浄ならしむるを、また無間修と名づく。畢命を期として、誓って中止せざる、すなわちこれ長時修なりと。

このご文相が、四修についての善導大師のお示しのすべてです。このご文相も何気なく拝読いたしますと、四修であるのになぜ、一から三までの番号しか記されていないのだろうか、と首をかしげることになります。しっかり心をこめて拝読いたしますならば、恭敬修等のそれぞれに長時修が記されていることに、気づかされるのでありましょう。このことは、長時修が恭敬修などと肩をならべて対等するのでなく、むしろ、恭敬修などの他の三修のそれぞれにかかわりを持ち、その内容を規定する一翼を担っていることを示しています。

四修の第一は恭敬修《くぎょうしゅ》です。恭敬修の「恭」はうやうやしく、「敬」はうやまうという字です。お念仏を申す人は、いつも信仰の対象に人格的な対応を持ち続けていますから、おのずから、阿弥陀仏に対して親近《しんごん》の情をたかめるとともに、いよいよみ仏を仰ぎ敬う心が深まり、おすがりする気持が一段と強くなってまいります。したがって、お念仏の信仰に生きておられる人が、ご本尊阿弥陀如来に燈・香・華を献じ、ご供物をお供えされる表情・態度・動作のいとも鄭重《ていちょう》・慇懃《ねんごろ》なのに接することがあります。それはいわずもがな、恭敬心のあらわれです。

法然上人のご一代を綴った『法然上人行状絵図』という四十八巻からなるご伝記の原本が、知恩院に襲蔵されています。その巻二十七に、法然上人の膝下に弟子入りして、蓮生《れんせい》と改名した熊谷次郎直実の入信以後の動静が記されています。

蓮生、行住坐臥不背西方の文をふかく信じけるにや、あからさまにも西を背にせざり

ければ、京より関東へ下ける時も、鞍をさかさまにをかせて馬にもさかさまにのりて、口をひかせけるとなん。されば蓮生

浄土にも　がうのものとや　沙汰すらん

西にむかひて　うしろみせねば

と詠じける。上人も、信心の堅固なる行者のためしには、常におもひ出給て、坂東の阿みだほとけとぞ仰られける。

という一文が、第三段の劈頭に綴られています。申すまでもなく西方は、阿弥陀仏の在します方角、しかも関東の荒武者であった蓮生は、敵にたち向うことがあっても、絶対敵に背を向けないという烈しい気性の持ち主でありましたから、「行住坐臥、西方に背むかず。涕唾《ていだ》（なみだを流したり、つばきをはいたり）便痢《べんり》（大小便をする）西方に向わず」という『西方要決』のお示しを、かたくなに実行したのでありましょう。ともかく蓮生は上品上生の往生を願い、「下八品にはむまれじ」とまで剛語するほどの人でしたから、人一倍恭敬の心厚く、西方という聖なる方角に、どうしても背をむけ、お尻をむけることができなかったのです。

このように蓮生はかたくなまでに「不背西方」を貫ぬきましたが、私たちはまねようと

しても、到底できそうにありません。だからといって、阿弥陀仏とそのお浄土に背をむけようとしているのでは決してありません。しかし実際、日常生活の上で背をむけることがしばしばありますから、どうしたものかと危惧の念を催すことがあります。法然上人は『示或人詞』のなかに、

もし、ゆゆしく便宜あしき事ありて、西をうしろにする事あらば、心のうちにわがうしろは西也。阿弥陀ほとけのおはしますかた也とおもへ。ただいま、あしざまにてむかはねども、心をだにも西方へやりつれば、そぞろに西にむかいて、極楽をおもはぬ人にくらぶれば、それにまさる也。(『拾遺黒谷上人語燈録』巻中)

と仰せになっているように、心を阿弥陀仏とそのお浄土に向ければよいのであります。

ともかく蓮生が身をもって示した「不背西方」の教えるところは、恭敬をただ単に、心だけにとどめておいてはならないということです。信仰の対象にむかって運ばれる恭敬の心は、その人の立居振舞いの上に、おのずからあらわれてこそ、本物なのです。しかも、いのちの果てるまで、それを継続し続けるのに、「誓って」まで実行せよと仰せられているのです。夜空を彩る打ち上げ花火は、いかに華麗でありましても、一瞬にして消え去ってしまいます。信仰の世界にあっても、一時の感激が、信仰の対象にむかって恭敬の心を

つのらせることがあります。しかし、それを継続することは容易ではなく、ましていのちの果てるまで貫き通すことは至難なことです。だからこそ、「誓って中止せざれ」という善導大師の仰せにふくまれている厳しさを、しかと肝に銘じて置きたいと存じます。

四修の第二は、無余修《むよしゅ》であります。善導大師がこの無余修の内容をお示し下さっているご文を拝読しますと、阿弥陀仏のみ名をおとなえするにも、念ずるにも、礼拝するにも、すべて「専《もはら》」という一字をつけられていることに注目させられます。つまり、法然上人が「阿弥陀仏におきて親《した》しき行」(『三心義』―『黒谷上人語燈録』巻第十二)と規定された五種正行(読誦・観察・礼拝・称名・讃歎供養の正行)を専ら行じ、それ以外の行は「阿弥陀仏におきて疎《うと》き行」(雑行、『三心義』)であるから、これをさしはさんではならない、とのご指摘です。「余業を雑えず」とは、まさにそのことを意味しているのです。

ではなぜ、かたくなまでに「余業を雑えず」と仰せになっているのでしょうか。五種の正行は、往生浄土の業が阿弥陀仏の本願、とくに第十八念仏往生の願によって指定され、決定している正定業《しょうじょうごう》(第四称名正行)と、第四の称名正行をのぞいた前三後一の四種の正行を行ずる人をして、正定業である称名を行ずるように方向づける助業《じょごう》とに分けられます。とは申しましても、これら五種の正行は、総じて往生極楽のための、専用の行なのです。

だからこそ、「余業を雑えず」とご指摘下さっているのです。法然上人は『選擇本願念仏集』の第二章私釈段のなかで、「正助二業を修するは、純《もはら》これ極楽の行なり」（「五番相対」のなか、第五純雑対）と仰せになっていますが、この「純」の字はさきに指摘しました善導大師が用いられた「専」の字と、同義異語です。

法然上人には『夫木和歌集《ふぼくわかしゅう》』巻第三十四釈教の条に収められている和歌があります。それは「極楽往生の行業には、余の行をさしおきて、ただ本願の念仏をつとむべし」という、大変長い、しかも理屈ぽい標題がつけられています。この標題だけで無余修の内容《こころ》をおよみになった和歌であると、判断することができます。そのお歌は、

　　あみだ仏と　いうよりほかは　津の国の
　　　なにはのことは　あしかりぬべし

と、標題に似合わず、いかにもこともなげに、さらさらとお詠みになっています。南無阿弥陀仏とみ名をおとなえする外は、いかなる余の行業も行ずることは悪い、というのです。まことに簡単明瞭に無余修の心をお示し下さった、というほかありません。この無余修にも「畢命を期として、誓って中止せざる」という長時修を併修すべきことが記されています。

ちなみに、このお歌は、伝えるところによりますと、その昔、法然上人が摂津の国難波（現大阪市）の四天王寺西門の西、荒陵《あらはか》の新別所の御堂において後白河法皇（一一九二）とともに、難波の海に沈む夕日に向かって日想観《につそうかん》をされました。その時、法然上人がこの御堂の西壁に六字の名号を染筆され、そのかたわらに、この歌を書きそえられたというのであります。そのころは、難波は蘆の名所であったようで、しかもこの新別所は日想観をするのにふさわしく、海を眼下に見下ろすことができる絶好の場所であったようです。現在は蘆のかわりに背高ノッポのビルが乱立し、海辺も埋め立てられて、日想観どころではありませんが、骨仏《こつぼとけ》で名高い、茶臼山のそばに位置する一心寺（大阪市天王寺区）こそ、この御堂の跡であるといわれています。

恭敬修・無余修に続く第三は無間修《むけんじゅ》です。浄土に往生を願う人は、みずからの身業《しんごう》・口《く》業《ごう》・意業《いごう》という全人格をあげて、信仰の対象である阿弥陀仏に対して、いかに接し、呼応するかということについてのお示しが、最初の恭敬修です。さらに願生者はみずからの身と口と心の三方面を総動員して、いかなる行業を専ら行ずるか、ということについてのお示しが、第二の無余修です。また、願生者はみずからのいのちの果てるまで、継続し続けて中止しないというお示しが、恭敬修に無余修、さらに無間修にもかかわりを持つ長時修《じょうじしゅ》です。さて四修のなか、のこされた無間修とは、いったい、いかなる内容を持っているのでしょうか。

この無間修は、「正助二業を修するは、純《もはら》これ極楽の行なり」と、法然上人がご指摘下さっているように、正定業《しょうじょうごう》と助業《じょごう》をのみ「専《もはら》」行じて、他の一切の行業をまじえない、という無余修の内容をふまえてのことですから、正助二業をいかに「心心に相続する」か、ということに関する内容が無間修です。善導大師はこの無間修について、二つの内容をお示し下さっています。

その第一は、恭敬礼拝するにも、称名讃歎するにも、心心相続せよ、というのです。第二は、心心に相続をしている途中、ともすれば、みずからの意志に反して、煩悩をおこすことが大変多いという実状をふまえて、そのような時はすかさず、間《ま》をおくことなく、そのつど懺悔せよ、というのです。

無間修の「間」という字は、「すきま」・「あいだ」・「ひま」・「へだつ」などと訓むことができます。「恭敬礼拝」、「称名讃歎」などの正助二業を専ら行ずることは、申すまでもなく、「どうぞ、この私を助け給え、阿弥陀ほとけ」と、全身全霊をあげておすがりして、往生浄土の素懐を果たすことができるようにという心の現れです。阿弥陀仏におすがりする心を、一瞬一瞬「すきま」なく、「あいだ」をあけることなく持続せよ、というのが、「心心に相続する」という「無間」です。

なんと申しましても、おすがりする対象は阿弥陀一仏です。したがって「心心に相続する」という無間は、思い出さずに・忘れずに、阿弥陀仏に思いをはこび、かよわすことです。つまるところ「おもひをかくる（懸・掛）」（『三心義』——『黒谷上人語燈録』巻第十二）ことの持続です。このことをより具体的に申しますと、阿弥陀仏に心をとどめ、阿弥陀仏に心を向け・おもい慕い、阿弥陀仏を心にうかべるということです。「只《ただ》一かうに念仏すべし」という『一枚起請文』の結びの一句には、このような内容が具わっていることを看過してはなりません。

このように無間修の内容をみてまいりますと、「これはとてもとても、私ごとき者の行じ得るところではない。実に近よりがたい」と尻ごみされる方も多かろうと存じます。法然上人は『選択本願念仏集《せんちゃくほんがんねんぶつしゅう》』の第二章私釈段のなかに、

正助二行を修する者は、阿弥陀仏におきて憶念間断《けんだん》せず。故に名づけて無間となす。

（「五番相対」の第三無間・有間対）

とご指摘になり、また『三心義』においては、

正行は、おもひをかくるに無間也。

と仰せになっているように、正助二業という行自身に、それを行ずる願生者をして、おのずから思い出さずに、忘れずに阿弥陀仏に思いをはこび・かよわしめる働きが具わっているのです。それはあたかも、電車がレールの上を走るに等しい、というほかありません。なぜかと申しますと、願生者は電車の運転手であり、正助二業を行ずることは、運転手が電車が走れるように運転操作することです。「おもひをかくる」とは、運転操作がなされたならばレールの上を電車が走ることに相当するからです。そういうことですから、正助二業を行ずる願生者自身に懈怠《なまけ》の心があったのでは、「おもひをかくる」ことをおこたったり、働かせないのですから、当然阿弥陀仏に懸けるおもいの心を欠くことになります。したがってこの無間修には懈怠が最大の敵です。精進《しょうじん》の一路さえたどれば無間という「心心相続」は誰にでも開かれるわけです。

法然上人が禅勝房というお弟子の問いに対してお答えになった問答をまとめた『十二問答』が、『黒谷上人語燈録』巻第十四に収録されています。そのなかの第七答において、

惣じては一食のあいだに、三度ばかり思ひいださんは、よき相続にてあるべし。それは衆生の根性不同なれば、一準なるべからず。心ざしだにふかければ、自然に相

続はせらるる也。

と法然上人は仰せになっています。

この仰せによりますと、「おもひをかくる」とは念仏の道場に入って、正助二業を行じている時だけのことでなく、日常生活全般を貫いてのことである点に注目させられる次第です。しかも、「一食のあひだに、三度ばかり思ひいださん」というお示しは、おそらく「おもひをかくる」ことについてのボーダーラインである、と拝察することができるかと存じます。

さらに阿弥陀仏におもいをはこび・かよわせること一瞬の「すきま」もあけず、「ひま」なくと、心がけていましても、煩悩具足《ぼんのうぐそく》の凡夫の私ですから、ことこころざしに反し、あらぬ方に心をはこび・かよわし、妄念・邪念の虜《とりこ》となったり、むさぼり（貪欲《とんよく》）や怒り腹だち（瞋恚《しんい》）の心にふりまわされること必定です。つまり、生まれつき具えている人間の性《さが》としての煩悩が、阿弥陀仏に「おもひをかくる」ことを間断《けんだん》するのです。この実情は願生者のもっとも気がかりな点です。もし、そのような煩悩がはたらき出したこと、はたらいていることに気づいたならば、間髪を入れず、すぐさま懺悔《さんげ》せよというのが、「随犯随懺して、念を隔《へだ》て、時を隔て、日を隔てしめず」という善導大師のご指南です。

阿弥陀仏に対して「おもひをかくる」ことが、貪瞋煩悩《とんじんぼんのう》によって「隔」てられるということは、正助二業を行じている当の本人よりも、いちはやく、阿弥陀仏が見逃さず、ご存知になっていますから、ごまかしは通用しません。なぜかと申しますと、「阿弥陀ほとけ、我れを助け給へ」（『つねに仰られける御詞』―『法然上人行状絵図』巻第二十一）と、「おもひをかくる」心は、南無阿弥陀仏という称名（口業）の声となってあらわれますが、その称名の声を阿弥陀仏は、しかと聞きとっていられるし、み名をとなえながら礼拝（身業）するその姿も、阿弥陀仏はしかと見とっていられるし、さらに〝助け給え阿弥陀ほとけ〟というおもい（意業）もまた、阿弥陀仏はさだかに知っていられるからであります。このように、阿弥陀仏に具わる身と口と心の三業と、願生者に具わる身と口と心の三業とは、正助二業を行ずることをとおして「彼此の三業あい捨離せず」（『観無量寿経疏』第三定善義第九真身観文釈）という善導大師のお示しのように、人格的呼応関係が成立するのです。この善導大師による、聞いてござる・見てござる・知ってござるのお示しは、親縁《しんえん》と呼ばれています。

法然上人が詠じられた和歌のなかに、

あみだ仏《ぶ》と　心は西に　うつせみの

もぬけはてたる　こゑぞすゞしき

という無題のお歌があります。まことに懸《かけ》ことばの秀れた技巧とともに、比喩的表現の含蓄味に感服させられるしだいです。「我れを助け給へ」というおもいを南無阿弥陀仏という称名の声にのせて、阿弥陀仏にかよわせ・はこんでいますと、期せずして、仏凡が一つに融けあい、入我我入という文字どおり、阿弥陀仏と凡夫の私の「間《へだて》」がなくなった心境が展開いたします。この心境こそ、まさに無間修の奥ゆきの深さを示す、といっても過言ではありません。申すまでもありませんが、この無間修にもまた、「畢命を期《ご》として、誓って中止せざれ」という長時修が期待されているのですが、このような心境が、いのちの果てるまで続くのであれば、お念仏の申し甲斐これに過ぎることはありません。

四修を総括いたしますと、恭敬修は信仰の対象にむけられる敬虔な信仰態度・感情・姿勢について、終始恭敬の心をもって貫き、憍慢の心に陥ってはならぬというお示しであります。無余修は挾雑を嫌らい、終始一貫して専ら正助の二業を行ぜよというお示しであり、無間修は「どうぞこの私をお助け下さい」というすがるおもいを、信仰の対象に「ひま」なくはこび・かよわせというお示しでありますから、懈怠に陥ることなく、精進をかさねるよりほかありません。これら恭敬・無余・無間の三修の一一に、長時修を期待しているということは、生涯を貫きとおすべきであるというお示しです。これら四修について法然上人は、「四修の中に於ては、無間を要となす」（『往生要集略料簡』――『黒谷上人語燈録』巻第六）とご指摘になり、また高弟の第二祖弁阿弁長上人は、「故法然上人被仰候しは、此無間修が四修の中に能能《よくよく》念仏を勧めたる修にて有りと仰候也」（『念仏名義集』巻下）と伝承され、「能能《よくよく》此行に心を可レ留なり」と申しそえておられます。

四　釈迦・弥陀二尊に誓いをたて証を請う

此外ニおくふかき事を存せハ　二尊ノあハれみニハツレ　本願ニもれ候へし

お念仏の肝要について述べてまいりましたが、もし、かりに私がそれ以外のことを行ったり、説いたりしたと致しますならば、釈尊の出世の本懐、阿弥陀仏の本願のみ心に違背するわけでありますから、私は阿弥陀仏のお救いにあずかることはできません。私には今ここに、以上述べた以外のことを行ったり、説いたことのないことを二尊に対しお誓い申し上げます。何卒ご証認たまわりたく存じます。

このご文は『一枚起請文』第四段のご文相です。その内容を要約しますと、私は自行《じぎよう》も化他《けた》もともに、「わが名をとなえるすべての人を漏れなくわが浄土に迎える」という阿弥陀仏の本願に基づいて、称名念仏の一行を専ら実践し続ける以外のことを、説き勧めることも、みずから実践することもありませんでした、とこともあろうに法然上人ご自身が釈迦・弥陀二尊に対してお誓いになり、「そのとおりである」という証《あかし》を請われた誠に厳粛な一段です。

望西楼道光了慧上人が法然上人のご遺文を集録された『黒谷上人語燈録』巻第十五に、門弟たちが聴聞した法然上人のおことばを二十八件集録されています。その第十八番目に、聖光房弁長上人が法然上人からお受けになった「又上人の〻給ハく、念仏往生と申す事ハ」に始まり、「た〻一向に南無阿弥陀仏と申てそかなはんす」で結ばれている『一枚起請文』の類本には、この第四段に相当するところが、「た〻南無阿弥陀仏と申せハ 決定して往生する事なりと信しとるへき也」と記されています。このように両本を比較するまでもなく、この第四段は勢観房源智上人が、法然上人からお受けになった『一枚起請文』こそ、まさに『御誓言の書』(『黒谷上人語燈録』巻第十一。ただし「為証以両手印」以下の文なし)であることを明確にあらわしています。したがってこの第四段は、法然上人ご自身の誓いのことば、いわゆる起請文でありますから、法然上人が直弟をふくめた私たちに、お示しになった教誡のおことばでは決してないのであります。

さて、この第四段の冒頭に示されています「此外《このほか》ニ」というお言葉は、申すまでもなく、第二段と第三段のなかにお示しになった内容以外ということを意味しています。法然上人が生涯、いのちをかけて申し続けられたところの、南無阿弥陀仏とみ名をおとなえするお念仏、すべての人に対して懇切《ねんごろ》にお勧めになったお念仏のほかに、釈迦・弥陀二尊が私たちに説き示された往生浄土の行はないはずです。だからこそ法然上人は、このこと以外のことを説き勧めたことも、また、みずから実践したこともありませんと、正々堂々告白されたのです。みずからが阿弥陀仏のみ名をとなえ続け、その称名念仏を他に対して説き勧められたご生涯をさらけだして、証《あかし》を請われたことは、法然上人が釈迦・弥陀二尊のみこころのままに自行し、化他されていたからこそ起請することができたのです。

さらに詳しく申しますと次のようです。法然上人が、この『一枚起請文』の第二段において、ご自身が生涯をかけて主唱し続けられたお念仏を、具体的に「往生スルソト思とりテ申」す念仏であると示され、さらに第三段において、浄土に往生を願う念仏者の「こころつかひのありさま」としての三心と、念仏者の常平生あるべき態度としての四修とは、「往生スルソト思とりテ」お念仏を申す人の上におのずから具わり、「籠《こも》る」ということを示されていますが、それら「以上、第二・三段の記載内容に相違ありません」と釈迦・弥陀二尊に対してお誓いをたてられ、「まったく、その通りである」という証《あかし》を請われているのが、この第四段です。もし、かりに私が第二段・第三段に示した内容以外に、さらに「おくふかき事」を説き勧めたり、実践したとすれば、それは釈迦の本懐・弥陀の本願を蔑《ないがし》ろにし、二尊のみ心に反することですから、せっかくのお救いにあずかることができないばかりでなく、地獄に堕ちはてることになるでありましょうとまで、自行も、化他もともに第二段・第三段に示した内容につきることを、起請されたのです。

お念仏の大先達であり、しかも釈迦・弥陀二尊のみ心を、ご自身のお心のなかに宿された法然上人ともあろうお方が、なぜ、このように起請され、証《あかし》を請われたか不思議でなりません。それには必ずや、起請をしなければならない事情のあってのことでありましょう。上人が身をもって説き示し、お勧めになったお念仏が次第に人から人へと行き渡り、いろいろな経歴を持った人がお念仏を申すようになりました。僧侶も、武士も、公家も、名もない一般庶民も、こぞってお念仏を申すようになり、その輪がひろがるにつれて、いろいろなことが取り沙汰されるようになりました。その一に、勢観房源智上人の教育係を勧められた真観房感西上人が、法然上人の代筆をされた九月十八日付『津戸の三郎入道へつかはす御返事』のなかに、

熊谷入道、津戸三郎は、無智のものなればこそ、但念仏をばすすめられたれ。有智の人には、かならずしも念仏にはかぎるべからずと申すよし、きこえて候らん。きはめたるひが事にて候。(『黒谷上人語燈録』巻第十四)

と記載されていますように、お念仏は無智の者が申すのであって、そうでない有智の者はお念仏に限ったことでなく、もっとほかに有智の者にふさわしい行を法然上人はお勧めになっている、というのが世間のうわさでした。上人はこの噂を耳にされ「きわめたるひが事」と、一刀両断のもとに否定されているのです。このような噂は根も葉もないことではありません。この噂にはかなりの土壌があって生まれているのです。かく申す土壌とは、承元三（一二〇九）年六月十九日付の書翰である『北陸道に遣はす書状』のなかに見出すことができます。

法然上人七万遍の念仏は、これ只だ外の方便なり。内に実義あり。人いまだこれを知らず。いわゆる心に弥陀の本願を知れば、身必ず極楽に往生す。浄土の業《ごう》、ここに満足す。この上なんぞ一念に過ぎん。一返たりと雖も重ねて名号を唱すべけんや。（『黒谷上人語燈録』巻第十）

と。『北陸道に遣はす書状』に記されているところによりますと、お念仏を申し続けることは法然上人のご本意ではなく、「浅智の類、性鈍」なる人に対してはお念仏をお勧めになるが、「利根の輩」にたいしては「上人已心の奥義」をお説きになったというのであります。阿弥陀仏の本願のみ心をご自身の心に宿された法然上人は、「念仏の行は、もとより有智無智にかぎらず、弥陀のむかしちかひ給ひし本願も、あまねく一切衆生のため也。無智のためには念仏を願じ、有智のためには余のふかき行を願じ給ふ事なし」(『津戸の三郎入道へつかはす御返事』)と指摘なさっているように、有智無智、利根鈍根の違いに応じて、それぞれ違った往生浄土の行を説き示されるはずがないのです。それにも拘らず、一部の門弟の間において、

彼上人の禅坊において門人等廿人ありて、秘義を談ぜしに、浅智の類は性鈍にしていまださとらず。利根の輩わずかに五人、此深法を得たり。我其一人也。(『北陸道に遣はす書状』)

というように、法然上人には浅義としての七万遍念仏を説く以外に、秘められた実義・深法があると、門弟が言いふらし、あまつさえ自分はその実義・深法を継承していると虚言している事実をふまえての立言が、「此外ニおくふかき事を存せハ」等の三十七文字なのです。もちろん、法然上人には、そのような「此外ニおくふかき事」に属する実義・深法を行われたことも、説かれたこともないのですから、この『北陸道へ遣はす書状』に、

風聞の説、実ならば皆以(て)虚言也。迷者を哀れまん為に誓言をたつ。貧道これを秘して偽って此旨をのべ、不実の事をしるさば、十方三宝まさに知見をたれ、毎日七

万遍の念仏むなしく其利益を失はん。（中略）乞願は、此疑網に堕せん類《たぐ》ひ、邪見の稠林を切って正直の心をみがき、将来の鉄城を遁て終焉の金台にのぼれ。

と、一部の門弟が取り沙汰している実義・深法・「おくふかき事」はすべて虚言であって、自分はただの一度たりとも、そのような「おくふかき事」・深法・実義を行ったことも、説いたこともありませんと誓いのことばを綴っておられるのです。自分は「只一かうに念仏すへし」という一筋道しか歩んでいないのであるから、一部の門弟が取り沙汰している虚言に惑わされて六道を輪廻して迷界にとどまらないように、お念仏によって極楽浄土の人に生まれかわるようにと、ねんごろな訓誡を発表されています。

ともかく阿弥陀仏の本願のみ心を知るならば、それ以降お念仏を申し続ける必要がない、という解知《げち》を強調する人があらわれて、お念仏を疎《うと》んずることが一部の念仏者の間に流行していたのです。また、

上人往生の後、建保二年のころ、いかに念仏すとも、学問して三心をしらざらむには、往生すべからずと申ものありければ、随蓮申さく、故上人は念仏は様なきをやうとす。ただひらに仏語を信じて念仏すれば往生するなりとて、またく三心のことをも仰られざりき。（『法然上人行状絵図』巻第二十）

と伝えられているように、「学問して三心をし」るという解知《げち》をふりかざして、三心を心得なくてもただ念仏を申せばよろしいという法然上人の教えは、「心うましきもののために、方便して仰られ」たのだと決めつけているのです。このように法然上人のご本意でない説を、さも上人の説であるかのように吹聴する人たちが横行している現状をふまえて、私の主唱するところは、明確にこれであると示す必要があったればこそ、釈迦・弥陀の二尊に対して起請されたのです。つまり法然上人の門弟にとって、法然上人ご自身の真説であるか、そうでない背師自立説であるかを決判する根本資料となるのが、この第四段の内容です。

法然上人はこのような事情下にあって、二尊に対して起請されたのでありますが、いうところの「二尊ノあハれみ」とは、どのような内容を仰せになっているのでしょうか。法然上人は九月二十八日付の『津戸三郎へつかはす御返事』のなかに、

念仏往生の願は、これ弥陀如来の本地《ほんじ》の誓願なり。余の種種の行は本地のちかひにあらず。釈迦如来の種種の機縁にしたかひて、種種の行をとかせたまひたる事にて候へば、釈迦も世にいで給ふ心は、弥陀の本願をとかんとおぼしめす御心にて候へども、衆生の機縁人にしたがひてときたまふ日は、余の種種の行をもとき給ふは、これ随機

の法なり。仏の自らの御心のそこには候はず。されば念仏は、弥陀にも利生《りしょう》の本願、釈迦にも出世の本懐也。(『拾遺黒谷上人語燈録』巻中)

とお説きになっているように、釈迦如来は阿弥陀仏の本願のみ心をご自身のみ心とされ、阿弥陀仏の本願のみ心をこの世の人たちにあまねく説き伝えることを、この世に出生した生き甲斐・本懐とされているのです。西方浄土に在ます阿弥陀仏のみ心も、この世に出でました釈迦如来のみ心も、すべての人を平等往生させようという一つ心なのです。「二尊のあハれみ」とはまさに、この「一切衆生平等往生」という救済のみ心にほかありません。この一つ心は釈迦如来にあっては、「汝よくこの語を持《たも》て、この語を持てとは即ちこれ、無量寿仏《あみだ》のみ名を持てとなり」という『観無量寿経』の付属の文のごとく、称名することによって阿弥陀仏の在ます西方浄土へ往け、というお勧め声となって私たちを鹿島立ちせしめたまい、阿弥陀仏にあっては、わが名をとなえる者を漏れなく浄土に迎える、という招喚の声となって私たちの真正面に来迎下さるのです。このように発遣《はっけん》の釈迦と来迎《らいこう》の弥陀とは、み心を一つにして私たちをお浄土の人に生まれかわらせようと、お導き下さっているのです。法然上人が主唱される「只一からうに念仏すへし」というみ教えは、まさにこの釈迦・弥陀二尊のみ心の結晶でなくして、なんでありましょうか。

五　智者の振舞いなく、ひたすら念仏すべし

念仏ヲ信せン人ハ　たとひ一代ノ法ヲ能々学ストモ　一文不知ノ愚とんの身ニナシテ　尼入道ノ無ちノともからニ同しテ　ちしやノふるまいヲせすして　只一かうに念仏すへし

南無阿弥陀仏とお念仏を申せば、必ず阿弥陀仏のお救いを頂き、浄土に迎えとられると確信してお念仏する人は、かりに、釈尊が説かれたみ教えを、よく学びとっていたとしても、自分はその一文をもわきまえることができない、おろか者と少しも変りがない者である、とみずからを卑下し、ただ頭を丸めただけで、仏法について何に一つ知らず、僧尼としての威儀・作法も具《そな》えないで、在俗の生活を送っている男女《なんにょ》のような、無知のともがらと同じ身であるとわきまえ、決して自分が智者であると見せかけることなく、おごりたかぶる心を打ち捨てて、ただひたすらに、称名念仏を行ずべきであります。

第五段冒頭の「念仏ヲ信せン人」というのは、念仏を信じない人、と受けとるのは古文を理解できない人のいうことで、まったくの的はずれも甚だしいといわねばなりません。

お念仏を申すならば阿弥陀仏のお救いにあずかり、そのお浄土に迎えとられると深く信じ、お念仏を申す人のことを、「念仏ヲ信せン人」というのです。この「念仏を信せン人ハ」に続く、「たとひ一代ノ法ヲ能々学ストモ」という一句は、肯定的な意味で使われていないことに注目すべきです。なぜならば、釈尊が説かれた教法、言い換えれば一切経、大蔵経と呼ばれる膨大な巻数におよぶ経典を学ぶことと、阿弥陀仏のお浄土の人に生まれかわりたいと願い、お念仏を申すことは、実践に関する基本姿勢に異なりがあるからです。法然上人の直弟のなかの最長老である信空上人（一一四六―一二二八）が、師の上人から拝聴されたお言葉の中に、

聖道門の修行は智慧をきはめて生死をはなれ、浄土門の修行は愚癡にかへりて極楽にむまる。（「諸人伝説の詞」――『黒谷上人語燈録』巻第十五）

という、聖浄二門の基本的な相異をお示しになっています。「一代ノ法ヲ能々学ス」ためには、戒を持《たも》ち、禅定を修して散乱する心を統一し、智慧を開かなければなりません。いわゆる戒・定・慧の三学を全うしてこそ「一代ノ法」をわが身の上に体現できるのです。このことを仏教では「一代ノ法ヲ能々学ス」というのです。だからお念仏にとり組む姿勢と異なること甚だしいのです。法然上人はさきにあげたお言葉の前段のところで、

念佛往生の義を、ふかくも、かたくも申さん人は、つや〳〵本願の義をしらざる人と心得べし。

と申されています。お念仏を申したらば、このように救われ、お浄土の人に生まれかわることができると、救済の道理について論議をする人は、阿弥陀仏の救済のみ心、救済の不思議をまったくわきまえない人である、と言い切っておられるのです。お念仏をする心と、お念仏にかかわる諸事項を論議する心とは一線を画す必要があるのです。

さて、そこにはどのような相異があるのでしょうか。どうぞ、この私をお救い下さい、何とぞこの私をお助け下さい、と全身全霊を阿弥陀仏に投げ出して、おすがりする姿勢と、釈尊がご一生涯説き続けられた教法を、我が身、わが心の上に具現しようとする姿勢との相異については、さらに言葉を重ねて申し上げるまでもありますまい。だからこそ、智慧第一の法然房とまで崇められた法然上人が、「もし智慧をもて生死をはなるべくは、源空なんぞ聖道門をすてゝこの浄土門におもむくべき」とまで仰せになっているのです。なぜならば、「としころならひあつめたる智慧は、往生のために要にもたつべからず」(「諸人伝説の詞」〔禅勝房の伝承〕――『黒谷上人語燈録』巻第十五)という、上人の一言につきるからです。同じく仏道でありましても、それに取り組む姿勢によって聖道・浄土二門の相異をみることになりますが、その相異は、本来かくあるべきであるという理想態に腰をすえるのか、赤裸々ないつわりのない現実の自分自身に腰をすえるのか、という出発点の相異でもあります。

法然上人は、さらに息をつく暇もなく、続けざまに「一文不知ノ愚どんの身ニナシテ尼入道ノ無ちノともからニ同しテ　ちしやノふるまいヲせすして」と仰せになっています。このところを『善導寺御消息』には、「一代ノミノリ《(法)》ヲヨク学シナラ《(習)》ヒタル人ナリトモ、文字一モシ《(知)》ラヌグチトムコム《(愚癡鈍根)》ノ、フカク《(不覚)》ノ身トナシテ、尼入道無智ノトモガラニワカミ《(我か身)》ヲナシテ、智者フルマイナカ《(長)》クセスシテ」というよう記載されています。文章はなめらかではありませんが、それだけに内容を容易にくみとることができます。その内容は「一代ノ法ヲ能々学ス」人にかかわっています。どのようなかかわりがあるか、と申しますと、

われも〳〵と智慧ありかほ《(顔)》に申す人は過《とが》にて候べし。せめて録内の経教をだにもきかず見ず。いかにいはんや録のほかの経教を見ざる人の、智慧ありかほに申すは、ゐのうちのかへる《(蛙)》ににたり。（「鎌倉の二位の禅尼へ進ずる御返事」――『黒谷上人語燈録』巻第十三）

と法然上人が仰せになっているように、智慧の眼を開いて仏法を体現することなく、経録

に収録されている経律論の三蔵にすら眼をとおさず、生半可な学問をした人がおちいる、いわゆる知ったかぶり、高慢心を強く警戒されるのあまり、「一文不知ノ愚とんの身ニナシテ」「尼入道ノ無ちノともからニ同テし」「ちしやノふるまいヲせすして」と同義異語をつらねて、これでわかったか、これで納得できたかと言わんばかりに、お言葉をかさねておられるのです。

仏道は極めれば極めるだけ、極めることができない、みずからの足りなさを、知らされるのが常のならいです。稲穂も実れば実るだけ、穂さきをたれるのが自然のなりゆきです。まして、少しばかり経典をかじったといって自慢顔することは、こざかしい人間の思慮・分別の限界をわきまえることができないばかりか、かえってそれに溺れていることです。なぜそうなるのかと申しますと、「道心がない」という一言につきるのです。法然上人は『東大寺十問答』(『拾遺黒谷上人語燈録』巻下)のなかで、「小智のものの道心なからんは、無智の人の道心あらんには、千重万重のをとり《(劣)》也」と指摘され、さらに続いて「小智の者は道心なからんは、あるいは不浄説法、あるいは虚説人師にあり。決定地獄におつべし」(第六答)と、きびしい断定をくだしておられるのです。だからこそ、阿弥陀仏という人間の思慮・分別の尺度では計り得ない偉大な人格に直結し、人格的対応の道が開かれているお念仏を申す人に対しては、なんとしても思慮・分別をかなぐり捨てよ、とのご注意をくりかえされるのが、この一句です。お腹のなかが、思慮・分別という雑物で一杯でありますと、せっかくの阿弥陀仏の救いのお慈悲という御馳走を容れる隙間・余地がありません。だからこそ、雑物をすっかり掃きだして、お腹のなかをからっぽにせよ、との強いお達しなのです。いかに立派に智慧の眼をひらいた人でも、阿弥陀仏の本願のはたらきに比べますならば、雲泥の差があって、比較にならないのです。法然上人は『十二箇条の問答』(『黒谷上人語燈録』巻第十四)のなかで、「智慧のまなこある物も、仏を念ぜざれば願力にかなはず」(第二答)と仰せになっています。五月の空をわがもの顔に泳ぐ鯉の胎内は空洞なのです。智慧の眼という五臓六腑を持った鯉は、阿弥陀佛の本願という風を腹むことができないのです。言わんや世俗の思慮・分別のごときは、投げ捨てなければ、本願力の風を孕むことは不可能なのです。

「只一からに念佛すへし」という強い呼びかけ、究極の意志表明は、この第五段の結句ですが、『一枚起請文』の始終を一貫する根本基調であり、しかも「水、月を感じて昇降を得たり」(『選擇本願念佛集』第十六章私釈段)と述懐されているように、法然上人をして三昧発得せしめたのも、また、専修念仏に対する弾圧のなかを切りぬけながら、お念仏の勧進を行われた底力も、すべてこの「一からに念仏」することに起因しているのです。法然上人によるこの究極の意志表明は、わが名をとなえる人を、すべて漏れなく、わが浄土に迎えとるという阿弥陀仏の本願《すくい》のみ心・増上縁《はたらき》のあってのことであり、それを前提として成り立っていることは申すまでもありません。それにも増して肝要なことは、人ひとり一人が実際にお念仏をすることです。このお念仏することを怠ったり、抜きにしたのでは、せっかくの法然上人の呼びかけも、阿弥陀仏の本願のみ心も、空虚化するほかないのです。この結句、いな『一枚起請文』のみ心を生かすのは、お念仏を実際に行うことであり、そのことによってお念仏するその人が、「死生ともにわづらひなし」（『つねに仰せられける御詞』）という人に生まれかわらせていただけるのです。これほど尊いことはないと思い込み、心をそこに安置できれば、ただひたすらに、お念仏を続けることができるのであります。

六　究極の意志の表明

為証以両手印

浄土宗ノ安心起行　此一紙ニ至極せり　源空カ所存此外ニ全ク別義を存せス　滅後ノ邪義ヲふせかんか為メニ所存を記し畢

建暦二年正月二十三日

源空(花押)

ここに私の両手の掌《たなごころ》を手形として押して、お浄土に迎えとられる一大事に関する、所信の証拠《あかし》とします。

浄土宗における心の持ちかた(安心《あんじん》)と、行のはこびかた(起行《きぎょう》)については、この一紙に記したことに尽《つ》されています。法然房源空の所信は、これ以外に別義など、さらさらありません。私が命終したあと予想される、私の所信と違った邪《よこし》まな道理を打ちたてることを防ぐために、ここに所信を残りなく記した次第であります。

一二一二年一月二十三日

源　空(花押)

「もろこし我かてう」より始まり、「只一からに念仏すへし」に終わった一文は、私が綴った文章であり、私が年ごろ主唱し続けてきた専修念仏の肝要を内容としていることに相違ありません。私は両手印、つまり私の両手の掌《たなごころ》を押し、手形とすることによって、そのことの証拠といたします、というのが「為証以両手印」（証のために両手印を以ってす）とするということです。以下の文相の概要は次のようです。

この一紙に綴った内容は、浄土宗、お浄土に往生を願う人の心の持ち方（安心）と、お念仏の進め方（起行）についてです。このように浄土宗の教えについて、ただ安心と起行の二つを列挙されたことは、法然上人の一貫した説き方です。たとえば『往生大要鈔』という和語のご遺文には、

浄土に往生せんとおもはば、心と行と相応すべきなり。（中略）浄土宗に善導のごときは、安心起行となづけたり。（『黒谷上人語燈録』巻第十一）

と仰せになっています。つまり往生浄土の教えを、とりわけ私たちがなすべき実践を、安心と起行という二つでおさえられているわけです。そういう浄土宗の教えについての重要な二点を、この『一枚起請文』のなかに綴って置きました。したがってこの内容以外に、私の主唱すること・したことは何もありません、と言いきっておられるのです。もし私の亡きあと、私の名を借りて、私の主唱でないことをあたかも私が主唱したと言いふらしても、容易に真偽をたしかめ得るように、私が常平生、心に思い続けてきた根本主唱、常日

ごろ行ってきた実践を含めての所存を記載して置きました。

ときに建暦二年正月二十三日と申しますと、法然上人ご入滅の二日前のことで、今を去る七百七十五年前のことです。法然上人はご入滅をお迎えになる最後の最後まで、後の世にお念仏の道が正しく誤りなく伝えられ、阿弥陀仏の本願のみ心・釈尊如来の出世の本懐がいつの世にも受けつがれて、人の心をうるおし、社会をあかるく、なごやかな方向に導かれることにみ心をお配り下さったのです。本当に勿体ないことであり、南無阿弥陀仏と合掌し感謝申し上げねばなりません。それにつけてもお念仏を申すことが師恩にむくいる最高の行業であると存じます。

結びの章　未来を今に生きる『一枚起請文』

1、未来を今に生きる
――『一枚起請文』を拝して――

人はそれぞれ、さまざまな生きざまをさらけだしながら、今を生きています。いうところの今とは、過去や未来を切りはなした、単なる現在ではありません。実のところ今は、過去を背負い、未来を孕んでいるのです。つまり、その人が今を歩みつつあるのは、未来にかかげた目標の完成図を心に描きながら、それに向って歩んでいるのであり、しかもその目標に向って既に今まで、歩み続けてきた過去の歩みを、ふまえてのことです。従って人は、未来にかかげた目標に向って既に歩み、今歩み、将来も歩み続けるのですから、すべての人は未来を今に生きている、という外ありません。

しかしよく言われるように、青年は未来を、中年は現在を、老年は過去を、それぞれ語ることが多いのです。そのことは人によって違いがありますが、おおまかに言って、そうした傾向が強いことは事実です。年老いた人が多く過ぎ去ったことを語り、昔をなつかしむのは、未来を生きるだけの気力が、おとろえたからでありましょう。それにひきかえ、年老いても未来に目標をもつ人は気力にみち、精神的な若さが感じられるのです。

いずれにしても、人の生きざまはさまざまで、商人はお金をもうけるために、政治家はよりよい社会の建設のために、学者は真理の探究とその社会への還元のためにというように、それぞれ異った生き甲斐を歩み続けています。たとえ異った生き甲斐をもっていても、人はそれなりに名をあげ、功をとげた老年期には、自分の土地を持ち、そこに自分の住む家を建て、花壇にバラを植え、夫婦で老後の生活をゆっくり楽しみながら、趣味に生きたいというのが大概の望みのようです。趣味といっても書・画・盆栽・手芸・謡い・舞い・楽器・短歌・俳句など、数えれば際限がありません。いろいろ数多い趣味を、十把《ぱ》ひとからげにして論ずることはできませんが、所詮その人が持って生まれた素質や、後天的に身につけた能力を生かすことです。

しかし、いくら趣味ゆたかに生きることができても、つまるところ、それは生きている間の営みでしかありません。人はみな、死という逃れることができない壁にぶちあたらなければなりません。その時には生き甲斐も、趣味も、みなことごとく挫礁する外ないのです。たとえ「死んでしまえば、それまで」と自分に言い聞せ、口にいってみても、死の不安・恐怖がなくなったわけではありません。生き甲斐と言い、趣味に生きると言い、それらはともに世俗の外へ出る歩み・生と死をこえる道ではないのです。早かれ、遅かれやってくる死について、誰しも、臭いものに蓋をするように、とりあげないのが当世の人の習いです。

しかし昔の人、私たち日本人の先祖の方がたは、死後に極楽浄土を迎えられる・往生できるという大望を心にいだきながら、今を生きていました。それは死後に、生と死という対立をこえた永遠の世界に生きることができる、生きどおしの永遠の生命に生まれかわることができる、という確信にみちた悦びでした。いまだ実現していない、未来の出来事である往生という大望に、今を生きることができたればこそ、苦しみ・悩みにみちた現実のその日、その日の生活を力強くのりこえ、しかも心にうるおいを持つことができたのです。仕合わせとは、このように生と死をこえた永遠の世界を・永遠の生命を、今に生きることではないでしょうか。

いけらば念仏の功つもり、しなば浄土へまいりなん。とてもかくても此身には、思ひわづらふ事ぞなきと思ぬれば、死生ともにわづらひなし。(『つねに仰せられける御詞』)

とは、まさに永遠の世界を・永遠の生命を今に生きられた、法然上人の心境です。それはまさに、南無阿弥陀仏とみ名をとなえるその一声一声に、永遠の世界・永遠の生命との直結を肌に、心に感じとられた充実さが語られています。なんというおおらかな心、なに一つ屈託のない、すみきった心でありましょうか。

一口に未来を今に生きるといっても、死によって挫礁するような、生きている間だけの目標に生きる場合と、生と死とをこえた永遠の世界の人に生まれかわることを目標として生きる場合とでは、そこに雲泥の差のあることを認めなければなりません。生きている間だけの目標に生きるか、生と死とをこえた永遠の世界の人になることを目標として生きるか、それは、その人、その人がきめるべきことです。しかしここに注意しておきたいと思うのは、生きるという生一辺倒に陥らずに、「人は生き者である、とともに、死する者である」という、赤裸々な人間の原点にたちかえり、そこに腰をすえた上で、いずれを選ぶべきであるかを、しっかり考えるということです。

さて、生と死をこえた永遠の世界の人に生まれかわる・極楽浄土に迎えとられるという大望である往生に、今を生き貫こうと目標をさだめたならば、その大望を実現するために、「称名の一行によって、かならず間違いなく、往生できる」という確信、寸毫の疑いもさしはさまない確乎たる信念の上に、ただひたすらに称名の一行をはげむべきです。法然上人はこのことについて、「往生スルソト思とりテ申外ニハ別ノ子さい候ハす」と、仰せになっていいます。つまり、未来に実現される往生を、南無阿弥陀仏という称名の一声一声の

上に、必ずなしとげられると先取《さきど》りすることです。これが称名の一行を行ずる上での最大の用心です。法然上人は、

源空は、既《すで》に得たる心地にて、念仏は申すなり。（『つねに仰せられける御詞』）

と仰せになっています。往生という一大事はすべてを阿弥陀仏におまかせしきって、ただひたすらに称名の一行を行ずる外ないのです。ということは、往生は私の力で実現するのではありません。南無阿弥陀仏と称える称名の一声一声に、わが名を称える者を迎えとろうとする、阿弥陀仏の大願業力が加わってこそ、往生の素懐《ひごろのねがい》をとげさせて頂くのでありますから、ひたすらに阿弥陀仏におまかせする以外に、往生の道はありません。たとえば、水泳は水のなかで手や足をうごかす、という動作をしなければなりません。しかし、ただ手・足をうごかすのでは、もがいているのと同じで、溺れている動作に過ぎません。水泳をするにはまず、自分の五体を水中に浮ばせなければなりません。手・足をうごかすのは、その上でのことであります。五体を水中に浮ばせるのは、阿弥陀仏にすべてをおまかせするのと、何のかわりもありません。浮ぶためには五体を水中に投げださなくてはならないように、摂取不捨の大願業力に抱き上げられるには、「どうぞ、この私をお助け下さい」と、私のすべてを阿弥陀仏に投げだし、おまかせしなければなりません。法然上人

は、

南無阿弥陀仏といふは、別したる事には思ふべからず。阿弥陀ほとけ我をたすけ給へといふことばと、心えて、心にはあみだほとけ、たすけ給へとおもひて、口には南無阿弥陀仏と唱える。(『つねに仰せられける御詞』)

と仰せになっているように、阿弥陀仏にたいして、「どうぞ、お助け下さい。どうか、極楽浄土にお迎え下さい」と、自分のすべてを投げだして、み名を称えるならば、その一声一声にかならず迎えとられた・摂取された手ごたえ・しるしを感じとることが、できるでありましょう。法然上人が「源空は、既に得たる心地にて、念仏は申すなり」と述懐されているのは、この辺の消息を物語られたのであろうと思う次第です。

2、呼べばこたえる
——只一向に念仏にすべし——

信と疑は対語であります。法然上人はこの『一枚起請文』のなかに、「疑いなく往生スルソト思とりテ」と言い、さらに「念仏ヲ信せン人ハ」というように、信と疑の字を一度ずつ使っていられます。いうまでもなく疑にはその否定を要求されているし、信にはその肯定が求められています。

まず、往生についての疑いといっても、少くとも二つあげることができます。第一には、私のようなつまらない、ながらくのあいだ、俗っぽい世界にひたっていた者が、どうして極楽浄土の人に生まれかわることができましょうか、という自分（機）にたいする疑いです。第二には、いろいろ困難な修行をつみかさねもしないで、ただ口に南無阿弥陀仏と称えるだけで、はたして極楽浄土に迎えられることがあるでしょうか、という実践（行）にたいする疑いです。そうした疑いは、人の善悪をえらばず、ただひたすらに、わが名をとなえる者を、一人漏れなくわが極楽浄土に迎えとる、と意志表明されている阿弥陀仏の根本願望を疑うことです。阿弥陀仏の本願のみ心を疑うことは、せっかくひらかれている往生の大道を、自分で閉すことです。

なんといっても、往生の素懐をとげるには、極楽浄土の主人公でましますばかりでなく、私たちを迎えとると意志表明し、あまつさえ、「わが名をとなえよ」と往生の方法までもお示し下さっている阿弥陀仏のみ心のままに、それを素直に頂いて、その根本願望のお指図どおり、称名の一行を歩むほかないのです。たとえば、御招待を頂いて出席したからには、おもてなし下さる招待者の意図にそって、行動するのがエチケットであって、勝手気ままな行動をとったのでは、招待者の意志に反し、礼を失うことになります。あたかもそのように、私たちは、阿弥陀仏の根本願望によって極楽浄土に迎えとられるのでありますから、本願にお示し下さっているように、称名の一行に徹しなければなりません。そうすることが阿弥陀仏のみ心にそう所以であり、大望の往生をはたすことができるわけです。かりに自分（機）を卑下するあまり、往生に疑いを持ったとしても、そのような自分のためにこそ、阿弥陀仏の本願が用意されているのである、と考え直すべきでありましょう。また称名念仏の一行（実践）に疑いを持ったとしても、自分がとなえた称名によって往生するのでなく、称名の一声一声に、阿弥陀仏のお迎えのはたらきが加わって、はじめて往生させて頂けるのであると、思い直す必要があるわけです。

ともかく、阿弥陀仏の本願のお指図のままにふるまうということは、その本願のみ心にたいする確乎不動の信の上に、はこぶことでなくてはなりません。疑いをすみやかにひるがえして、信を確立するように努めたいと思う次第です。

法然上人は『一枚起請文』のなかで、「一代ノ法ヲ能々学ストモ」と仰せになっています。この「学」には少くとも、次に示すような二とおりの受けとめ方があります。一つは現代において一般に用いられている学であり、他は仏教本来の学です。そういう二つの見方をしますと、まず第一には仏教についてすこし聞きかじったり、往生の道理について理解をふかめるという知識であります。第二には、生と死の対立を智慧をもってこえようというのです。この二つは、それぞれ異った性格を持っていますが、いずれも、往生の大望をはたすためには、打ち捨てなければなりません。

まず始めに知識についてでありますが、ものを自分のそと側において、対象化してあれでもない、これでもないと、分別をくりひろげながら、それを知るというのが知識です。このように、ものを対象的に知るという分別知は、誰もが生まれつき一律平等に具えている人間の性《さが》の一つです。そうした知識は、どれだけたくさん積みかさねても、往生のために寸毫の役にもたたないのです。机の上に地図をひろげて、ここは東京だ、北京だ、パリだと指さしてみて、地球上の位置をたしかめることができても、東京の空気を吸い、北京の人民大衆の体臭に接し、パリのまち角に立つという直接経験は得られません。そのように、往生はなんといっても直接経験の上の心事でありますから、ただ単なる知的関心や、知的に納得したりすることは、かえって往生のさわりになるのです。知的な関心や知的な納得でなく、止《や》むにやまれない宗教心の発露が往生を願い、往生のために称名の一行を行ずるのです。そこに往生の心事はおのずから、いな阿弥陀仏が開いて下さることになります。そういった点で、人間の性の一つである分別知は、往生の一大事にたいしてものの用にたたないことを、よく銘記しておくべきです。とはいっても、お説教を聞いたり、仏教書を繙くことを拒んでいるのではありません。そうした聞法や、知的な理解を直接体験へふみこむ契機として頂ければ、これに越したことはないからです。

次に智慧であります。仏教、とくに浄土門以外の各宗では智慧の眼をひらくことを重視して戒・定・慧の三学――戒律を厳守して身と口と意《こころ》の三方面のはたらきを調整（戒）して、散り乱れがちな心を統一して宗教的瞑想（定）に入り、その上に事物や道理をありのままに見ぬき、是非正邪を決定し、煩悩を断つ深い智慧を具えることに努めているのです。このように智慧はきびしい仏道の実践の上に開眼されるのです。「一代ノ法ヲ能々学ス」とは、この三学を修して智慧の眼をひらくことを指しています。

法然上人は「智慧第一の法然房」と称讃されましたが、ご自身は、

智慧をもちて生死をはなるべくば、源空いかでか、かの聖道門をすてゝ、この浄土門に趣べきや。聖道門の修行は智慧をきわめて生死をはなれ、浄土門の修行は愚癡にかへりて極楽にむまるとしるべし。（『つねに仰せられける御詞』）

と仰せになっています。申すまでもなく智慧は、人が生まれながらにして一律平等に具え

ている、ものを対象化してとらえる分別知の否定の上に開眼するのでありますから、誰でも容易に智慧を具えられないのです。その智慧はすべての人が一律平等に具えている貪欲《むさぼり》や瞋恚《いかりはらだち》の心や、散りみだれる心を捨てなければひらけないのですから、智慧によって生死をはなれることは、私たちにとって絶望という外ありません。「たとひ一代ノ法ヲ能々学ストモ一文不知ノ愚とんの身ニナシテ」というご指摘は、智慧によって生死をこえようとする聖道門と、阿弥陀仏の本願のお力によって極楽浄土に往生しようとする浄土門との根本的な相異をふまえて仰せになっています。今まで三学を修して智慧の眼を磨きつつあった者が、その智慧によって往生するのだという心が少しでも残っている間は、阿弥陀仏にたいして、「どうぞこの私を、おたすけ下さい」、「どうかこの私を、極楽浄土にお迎え下さい」というように、自分のすべてを投げだして、おすがりできないから、智慧をふり捨てて愚鈍の身になりなさいとお教え下さっているのです。「尼入道ノ無ちノともからニ同しテ　ちしやノふるまいヲせすして」というのも、同じ趣旨を仰せになっているのです。

そうした、自分のすべてを阿弥陀仏に投げだしておすがりするその心が、そのまま南無阿弥陀仏の一声一声となって出てくるのです。その一声一声に呼べばこたえるごとく、わが名を称える者を迎えとろうとし給う阿弥陀仏の本願力のはたらきが加わってこそ、往生の素懐をとげさせて頂くのです。称名念仏はそのように私と阿弥陀仏との人格的な呼応関係の上に進められるのです。この呼べば必ずこたえて下さる阿弥陀仏の本願を確信し、称名の一声一声をはげみなさい、というのが「只一からうに念仏すへし」の結びのお言葉です。

今日の社会では「往生」と言えば、「立往生」などというように、困ったことの代名詞として使われています。まことに遺憾なことです。往生は決して、そうした困ったことではは絶対ないのです。むしろ困ったことに出会っても、それによってマイナスになるのではなく、それを切りぬける力の根源としての心を養うのが、往生を目的とした称名念仏です。往生の望みは、足ること・飽くことを知らない世俗の欲望の類の一として数えられるような性格のものではありません。往生の望みは世俗の欲望の否定でありますから、両者は峻別しなければなりません。それだけに、納得されないことが多いわけです。

このように申しますと往生の望みは、いかにも厭世感の上にたっているように考えられるでありましょう。はたして往生の望みは、そうした世を傷むことに直結しているでしょうか。決してそうではありません。往生の望みは、生き死にするこの世界の私が、永遠の世界の人に生まれかわろうとする願いなのです。それは永遠に死ぬことのない、生きどおしの生命を得ようとすることに外ありません。したがって「往生スルソト思とりテ申」す称名の一声一声は、永遠の生命を今に生きようとし、そのことに生きている、あらわれです。この世にあって永遠の生命を生き・生きようとする人は、なにごとにも屈託がなく、おおらかで伸びのびし、あらゆる苦難をのりきる生命力にみちみちています。往生を願うということで世俗の望みを断ち切ったけれども、捨てた世俗の生活をおおしく、たくましく生きられるのは、永遠の生命を今に生き・生きようとするからです。これにたいして世俗の欲望に生きている人は、苦しみ悩みに右往左往させられたり、死の不安・恐怖に心労し生きる望みすら失うことが多いのです。そのように考えますと、まさに雲泥の差のあることに気づかされる次第です。ともかく永遠の生命を今生きられると思えば、称名の一声一声に張りができ、一層ありがたく称名の一行にはげむことができるでありましょう。

あとがき

南無阿弥陀仏　このたび、ご縁を頂いて拙稿を上梓する運びとなりました。今、私の心のなかには、拙稿が一冊の本となって世に生まれ出る喜びと、拙い内容を世にさらす恥しさとが同居しています。

『一枚起請文』という宗祖法然上人の『御誓言の書』に含蓄されるみ心を、拙い足どりながら、できるかぎり宗祖上人のご遺文をとおして、汲みとることに努めました。とともに、長年にわたって師の上人のお側にあって身のまわりのお世話をし、『一枚起請文』撰述の火つけ役をつとめ、ご臨終を見とどけられた常随給仕の愛弟子、勢観房源智上人のご生涯を、師弟関係の上にとらえました。力不足のいたすところ、どれだけ真に迫ることができたか、内心に忸怩たる思いを感じています。ともあれ、源智上人の七百五十回忌にあたって、本書をその御前に捧げ、師弟心を一にし給うた法然上人と源智上人の慈恩に報いたいと存じます。

なお本書の拙稿はもと、浄土宗総本山知恩院が、毎月発刊している『知恩』という信仰誌に、請われるままに、二年にわたって執筆した文に筆を加え、それらを一括して本文とし、さらに恩師藤原弘道法主が、金戒光明寺に晋董されたのを機縁として、発刊された『黒谷文庫』に請われて綴った一文（第Ⅰ巻「黒谷と一枚起請文」）を、結びの章として取り上げました。ここに総本山知恩院、大本山金戒光明寺ご当局のご理解あるお許しに対して、衷心よりお礼申し上げます。本書を、知恩院浄土宗学研究所の事業の一環として刊行することをお認め下さったことについて、さらに今般の上梓にあたってご厚配を頂いた『知恩』編集室の郁芳隨浩法兄、研究所の永井隆正学契を始め、東方出版の谷上昌賢氏および写真の掲載を認め頂いたご当局に対して、甚深の謝意を表する次第です。

誠に不躾なお願いですが、読者の皆様方のお力添えを頂き、本書がお念仏のために少しでも役立てて頂きますことを祈念してやみません。どうか宜敷く。南無阿弥陀仏　合掌。

昭和六十二年三月

著者しるす

		◎67歳　11月　肥後国往生院に於て、48日の別時念仏を修し、『末代念仏授手印』一巻を撰す。	
32	寛喜 3	△3月　石州多陀寺に入り、専ら不断念仏を修す。	
33	貞永 2	1月　湛空、法然の遺骨を二尊院の塔中に納む。	
34	天福 2	※52歳　法然廟、大谷旧房を再興、四条帝より華頂山知恩教院大谷寺の号を賜う。	
36	嘉禎 2	△38歳　筑後上妻天福寺に弁長を尋ねる。 ※54歳　『選択要決』を撰す。	
37	3	△39歳　4月　弁長から『末代念仏授手印』の相伝をうけ、8月　手次状を拝領し、『領解末代念仏授手印抄』一巻を撰し、印可を受く。 ※55歳　9月　弁長に消息を送る。	
38	4	◎77歳　2月29日　寂。 ※56歳　12月12日　寂。	
49	建長 1	△51歳　関東に下り、上野・下野を教化す。	
60	文応 1	△63歳　鎌倉に移る。	
76	建治 2	△78歳　9月　慈心・礼阿の特請を受け京都に移る。 在京中、源智門下の蓮寂房信慧（弘安4年　77歳寂）と赤築地に会合す。	前々年　望西楼了慧『黒谷上人語燈録』十五巻、『同拾遺』三巻を編纂。
86	弘安 9	△88歳　9月　鎌倉に帰る。	
87	10	△89歳　7月6日　寂。	

			て入門。
09	3	○77歳　一念義停止の旨を光明房へ消息をもって伝う。	
11	建暦 1	○79歳　11月　帰洛し、大谷に入る。	
12	2	○80歳　1月23日『一枚起請文』を撰し、25日入滅。 ◎3月　法然満中陰逮夜を彦山般舟三昧道場で勤む。 ※30歳　12月24日　阿弥陀如来立像を造立し、胎内に願文と念仏交名を納む。	高弁『摧邪輪』を撰す。
15	建保 3	※33歳　付属の法然念持仏を西福寺に安置する。	
17	5	5月　空阿弥陀仏、念仏会を勤むるにより延暦寺衆徒蜂起。 ※35歳　兵庫に長伝寺を建立し、平家一族の菩提を弔う。	
19	7	2月　専修念仏停止。	
25	貞応 3	3月　前太政大臣頼兼、空阿弥陀仏を中山迎講に招く。 隆寛、『知恩講私記』を撰す。	
27	嘉禄 3	6月　延暦寺衆徒、大谷の法然廟を破却。 7月　隆寛、空阿弥陀仏、幸西を流罪に処して、念仏停止。	12月　隆寛(80歳)没。
28	安貞 2	1月　法然の遺骸を粟生野に荼毗す。	1月　空阿弥陀仏没。 9月　信空(83歳)没。

98	9	○66歳　1月　別時念仏を始め、『夢感聖相記』を記し始める。 この年『選擇本願念仏集』一巻を撰す。	成覚房幸西、法然の室に入る。
99	正治 1	◎38歳　2月　再上洛。法然の膝下に入る。 △7月　生る。	1月　源頼朝没す。
1200	2	○68歳　2月6日　感西(48歳)の臨終善知識を勤む。	翌年　親鸞、法然の弟子となる。
02	建仁 2	2月　兼実、法然(70歳)を戒師として出家し、円照と名付く。	
04	元久 1	◎41歳　8月　法然の配慮により九州に帰国す。 ○72歳　10月　延暦寺衆徒、専修念仏の停止を天台座主真性に訴えたので、11月門弟を集め、七箇条にわたる制誡を撰して誡め、門人の署名を記し、座主に送る。(七箇条起請文)	2月　伊豆の源延の求めに応じて『浄土宗略要文』を撰して送付す。 翌年10月　興福寺衆徒による九篇からなる念仏批難の文を院に奏上。(興福寺奏状)
06	3	安楽、住蓮死罪。 ○76歳　2月18日　専修念仏の停止。	重源(86歳)寂。
07	建永 2	○74歳　土佐に流罪。(実際は讃岐に配流) 12月　勅免の宣旨下る。	4月　兼実(59歳)没。 9月　熊谷蓮生没。
08	承元 2	○76歳　摂津勝尾寺に止住。	11月　宇都宮頼綱、法然に謁し

81	養和 1	○47歳　東大寺勧進職に推されたが、俊乗坊重源を推挙す。	前年12月　平重衡、南都を攻め、東大寺興福寺を焼く。 閏2月　平清盛没。
83	寿永 2	○51歳　木曽義仲の軍勢、京都に乱入のため聖教の閲覧できず。 ◎20歳　比叡山に登り、のち宝地房証真の室に入る。 ※生る。	翌年　平師盛、一谷の戦で討死。
86	文治 2	○54歳　秋　顕真の請をうけ、大原に於て浄土の法門を談ずる（大原問答）(一説、文治5年)	3月　九条兼実摂政となる。
89	5	○57歳　8月1日　九条兼実(41歳)に招かれ、法文および浄土の業を談ず。その後、しばしば兼実の請に応ず。	源義経、衣川に死す。
90	6	○58歳　2月　重源の請により、東大寺に於て浄土三部経を講ず。	証空　法然の室に入る。
91	建久 2	◎30歳　筑前早良郡油山（天台宗の学山）の学頭となる。	
94	5	○62歳　師秀のために逆修を勤む。結願には感西が勤む。	前々年　慈円天台座主となる。
95	6	※13歳　法然の勧めにより、慈円のもとで出家。	
97	8	○65歳　4月　没後二箇条を記す。 ◎36歳　5月　法然の弟子となり、3ヶ月後に一時帰国す。	

年　譜――法然・源智を中心として

○法然　※源智　◎弁長　△良忠

西暦	年号	事項	関連事項
1133	長承 2	○4月7日　美作国久米南条稲岡の庄(岡山県久米郡久米南町里方)に生る。	
41	保延 7(永治 1)	○9歳　父漆間時国、明石定明の夜襲をうけ傷死。 冬　叔父観覚の弟子となり、那岐山菩提寺に入る。	
45	天養 2	○13歳　春　比叡山に登り、西塔北谷持宝房源光の室に入る。	
47	久安 3	○15歳　登檀受戒。	
48	4	○16歳　肥後阿闍梨功徳院皇円に師事して天台60巻を習う。	
50	6	○18歳　西塔黒谷叡空の室に入り、法然房源空と名付けられる。	前年　九条兼実生る。
56	保元 1	○24歳　求法のため嵯峨清涼寺釈迦堂に参籠。続いて、南都に学匠の教えを乞う。	保元の乱。
57	2	法蓮房信空　叡空の室に入り、法然(25歳)の法弟となる。	
62	応保 2	◎5月6日　生る。	
70	嘉応 2	◎7歳　9月剃髪出家。	
71	承安 1	真観房感西　法然(39歳)の室に入る。	
75	5	○43歳　春　浄土宗を開き、黒谷を出て西山の広谷に移り、のち東山吉水に移る。	前々年　高弁、親鸞生る。

藤堂恭俊（とうどう　きょうしゅん）

1918年　和歌山県田辺市生まれ。
1944年　大正大学研究科修了。
浄土宗大本山増上寺第86世法主、佛教大学名誉教授。
2000年　遷化。
著　書『無量寿経論註の研究』（佛教文化研究所）、『國譯一切経和漢撰述部　諸宗部5「無量寿経優婆提舎願生偈並註」』（訳・校訂、大東出版社）、『法然上人研究 第1巻（思想編）』（山喜房佛書林）、『一紙小消息のこころ』（東方出版）、『法然上人のみ心をいただく』（浄土宗）ほか。

一枚起請文のこころ【新装版】

1987年 4月25日　初版第1刷発行
2017年 8月10日　新装版第1刷発行

著　者　藤　堂　恭　俊
発行者　稲　川　博　久
発行所　東方出版（株）
〒543-0062 大阪市天王寺区逢阪 2-3-2
TEL06-6779-9571　FAX06-6779-9573
装　幀　森　本　良　成
印刷所　亜細亜印刷（株）

落丁・乱丁本はおとりかえいたします。　ISBN978-4-86249-290-6